KB221126

부처님의 빈손

부처님의 빈손

종학 스님 지음

맑은샘

인간의 삶은 육체적으론 시간이 진행될수록 출발 이전을 향하여 다가서며 늙어지고 병들어 죽음에 이르는 과정이다.

정신적으론 시공을 뛰어넘어 이어지는 진실한 길로서 목숨을 바쳐서라도 돌아가고 도달해야 하는 생명 가진 존재의 자연스러운 몸짓 곧 지심귀명례至心歸命禮인 것이다.

인간이 그 무언가를 사랑하게 되면 마음은 진실해 지고 진실로 가득 찬 마음은 사랑하는 것에 자기 목숨을 바쳐서라도 물러서지 않는 것도 자기의 근본으로 회귀하려는 본능의 발로인 것이다.

나이가 들어가면 어릴 적 어머니의 모습이 자꾸만 떠오르면서 모정을 그리워하고 어머니가 해주시던 반찬 맛을 찾게 되고 고향에서의 옛 추억을 회상하면서 부모와 형제, 친구들과 보냈던 시간들이 주마등처럼 스쳐 지나가는 횟수가 많아지게 된다.

외국으로 이민을 가서 젊은 시절을 보내다 나이가 들면 다시 고국으로 돌아가서 남은 여생을 보내고 싶은 마음이 강하게 일어나는 것도 회귀回歸하고 싶은 심리의 발로이며 생명체가 그 출발지점으로 돌아가고자 하는 회귀성인 것이다.

대양을 헤엄치던 연어가 거친 물살을 헤치고 거슬러 뛰어오르며 자신이 태어났던 실개천을 찾아서 알을 낳은 후에 죽음을 맞이하는 것도 그렇다.

거대한 생명체인 우주의 현상도 미시적인 작은 입자들의 어울림 속에서 점차 만남의 조직 단위를 단순에서 복잡다단하게 이어가며 현상적인 물질계의 일원으로 분화하여 살다가 그 수명이 다하면 미시적인 작은 입자들을 흩으며 공허한 적멸의 자리로 돌아간다.

죽음을 맞이하여 최초에 입었던 얇은 속옷인 입자들마저 벗어 던지고 거대한 파동의 흐름 속에 잠시 녹아들었다가 다시 한 생각이 일어남을 따라서 이전에 현상계에서 경험했던 인연들을 끌어 당겨와서 또 다른 경험을 중첩시키기를 무한 반복하다가 해탈의 지점까지 나아가는 것이다.

인간의 삶은 영원한 과거라는 시간의 흐름 위에서 현재라

부처님의 빈손

는 새롭게 경험하는 정보들을 추가시키며 과거와 현재, 미래를 중첩하며 하나의 삶을 이어간다.

그래서 현재 자신이 경험하고 사고하고 행동하는 바가 다가올 미래의 시간 속에서 경험할 인연의 내용과 연결되어 압축된 파일 형태로 주어져 있는 삼세인과양중三世因果兩重 논리로 구성되어 있다.

즉 하나의 현상은 그 현상 이전과 이후의 인연과보因緣果報가 함께 중첩되어 연결되어 있다는 것이다.

자연의 현상은 하나의 씨가 흙이라는 조건을 만나서 싹을 트고 나와 한 그루의 나무로 성장하여 열매를 맺고 그 열매는 땅에 떨어져 껍질은 썩어 흙으로 흡수되고 씨앗은 땅속에 보존되었다가 봄이 되면 다시 한 그루의 나무가 되기 위한 자기 전개를 해 나가는 것이다.

동시에 한 그루 나무에서 열린 수많은 열매들도 같은 유전자를 주변에 퍼트려 나가면서 새로운 경험들을 포함시키며 변이해 나가게 되니 이를 천변만화千變萬化하는 하나의 씨알적 생명의 거대한 변화현상을 일으키는 바로 나라는 존재의 실질적 모습이다.

그러므로 우주 안의 현상은 나 아닌 것은 하나도 존재하지 않고 오직 나의 다양한 모습들과의 이합집산離合集散하는 하나의 삶이다.

영원한 과거는 영원한 미래로 가는 길이요, 영원한 미래는 영원한 과거로 돌아가는 길이며 영원한 과거와 미래는 지금 여기, 이 순간 속에 그대로 펼쳐지고 있다고 할 것이다.

그리고 이 순간을 어떻게 이해하고 바라보는가에 따라서 과거와 미래, 전생과 내생의 인연을 알게 되고 그 과보로 주어지는 숙명을 운명으로 개척해 내는 길도 열리는 것이다.

인간은 처음 태어난 순간도 마지막 죽는 순간도 빈손이지만 그 삶의 과정은 빈손을 가득 차고 넘치도록 욕망을 불태우며 몸부림을 친다.

그 빈손이란 마음 때문에 희망과 좌절이 있고 원망하는 마음도 생기며 괴로움과 기쁨이 있고 평안과 휴식도 찾아온다.

인생사 모든 불협화음이 비어있는 손에서 시작하고 비어있는 손을 통해서만이 문제를 해결 지을 수가 있다.

오늘도 나는 아무것도 쥐지 않는 맨손의 청춘靑春 되어 이미 놔있는 길을 따라 걷고 또 걸어간다. 엄마의 구령 따라서 걸음마를 배우는 아기처럼 환한 웃음 가득 지으며 걸어간다.

이 세상에 올 때 빈손으로 와서 떠나갈 때 빈손으로 가는 인생, 그 마지막에 무거워서 힘들어 말고 편히 떠나갈 수 있도록 평소에 하나씩 내려놓고 비우는 연습을 하여보자.

부처님의 빈손

　본서는 괴로움을 떠나 행복한 마음의 길을 찾아 살아가는 나의 이야기로서 행복한 삶을 꿈꾸는 분들과 진정으로 행복한 기운을 나누고자 펴내게 되었다. 여러분의 앞날에 평안과 기쁨이 있으시길 기원 드린다.

종학 씀

차 례

엄마

가을 은행잎 꽃비 되어 휘날리고
서산에 황금빛 노을 붉게 타오를 때
그물에 걸리지 않는 바람처럼
자유롭게 걸어오시는 어머니시여!
산이 되어 물이 되어 시를 읊으시며
우리 앞에 행복의 복주머니 한 아름 안고 오셨네.
행복을 찾아 나선 임들이시여!
인연의 문고리
살그머니 잡아당기고 들어오셔서
어머니의 품 안에서 영원히 쉼 하소서.
참 나가 한 생각 일으키니
잔잔한 호수에 파문이 일고 크고 작은 물고기 다투어서 뛰
어오르듯이
생각의 입자들이 어지러이 춤을 춥니다.

얼키설키 인드라 그물망처럼
촘촘히 엮어져서 천백억으로 몸을 쏟아냅니다.
생명은 오직 어머니의 품에서 만들어지듯
한 생각이 천천만만의 몸들을 일으키고 사라지게 하는 창
조의 어머니랍니다.
인연, 그것은 또 다른 나와의 만남입니다.

엄마

붓다 사자처럼 눕다

🪷

전설에 죽지 않고 산다는 불사조 이야기가 있다. 그것은 의식의 각성을 통해서 한 번은 죽었다가 다시 살아날 수 있는 사람만이 가능한 거듭남이거나 부활의 의미인 것이다.

태양에 산다는 삼족오는 탐하고 미워하고 어리석은 마음에서 벗어난 깨달은 사람의 의식을 상징한다.

열반경에 보면 부처님께서 열반의 시간이 다가오자 자신이 누울 침상을 준비하라 하시고 오른쪽으로 몸을 돌려 누우셨다고 하신다.

왜 왼쪽이 아니고 오른쪽일까? 우리말에 오른쪽을 바른쪽이라고 하는데 그렇다면 왼쪽은 바르지 않다는 의미일까? 예수님께서 "오른손이 하는 걸 왼손이 모르게 하라"고 하신 의미와 통하는 바가 있을까?

지구나 만물이나 인간은 자기를 중심으로 하여 왼쪽으로 돌아간다. 물질인 색의 현상은 태양의 빛이 없으면 삶이 불가

　　　　　　　　　　　부처님의 빈손

능하다. 그래서 인간의 현실은 생리, 심리, 논리가 모두 왼쪽으로 돌아가게 되어 있다.

음식물의 소화를 촉진시키거나 활발한 대인관계에 필요한 에너지의 생성이나 현실적응을 위한 두뇌 개발을 위해서는 왼쪽으로 눕는 것이 좋다. 그것은 좌측 뇌를 자극하는 효과를 발생시키게 된다.

그러나 오른쪽은 태양의 시각이다. 공꺛은 물질의 탄생과 소멸, 인간의 탄생과 죽음과 관계되어 있다. 오른쪽으로 눕는다는 것은 만물의 원천인 태양의 본성을 회복한다는 뜻과 통한다.

태양은 지구라는 무대 위에서 펼쳐지는 현상을 일으켰다가 사라지게 하는 주재자이며 지구의 삶의 방식과 정반대의 의미를 지닌다.

지구가 끊임없이 변화하는 치열한 삶의 현장이라면 태양은 움직임이 제로의 상태에 있는 중심점인 것이다.

지구적인 끌어모으는 방식을 떨치고 빛을 발산하는 태양적인 방식으로 삶을 전환시키기 위해서는 현재 의식이 죽고 본성이 깨어나는 의식의 각성이 일어나야 하는데 오른쪽으로 누워 오른쪽 뇌를 자극시키는 것도 이러한 이유에서 취하는 몸짓이다.

의식이 죽음에서 깨어난 부처님은 본질적인 존재로 태양이 지구를 향하는 관점인 태양의 눈을 가진 분이시다. 생성과 변화와 발전이란 지구적인 관점인 욕망과 인색, 성냄과 험담, 사사로운 온갖 생각에 사로잡힌 인간에게만 있는 것이다.

죽음에서 깨어나서 태양의 관점을 회복한 부처님은 자기를 위한 발전은 더 이상 아무런 의미가 없다.

물질, 권력, 지식, 인기 등은 지구적인 특성을 잘 활용하면 많이 끌어모으게 된다. 그러나 아이러니하게도 많이 끌어모을수록 배고픈 마음은 커지고 괴로운 인간이 된다.

깨달은 부처님은 개인적으로 아무것도 끌어모을 필요성을 느끼지 못함으로 세상에 대하여 그 어떤 바람도 갖지 않으시고 아무것도 소유하려고 하지 않으신다.

그것은 참 행복이란 세상적인 것을 끌어모으는 방식이 아닌 세상을 위해 나누고 사는 것에 있다는 것을 말해준다. 태양이 만물에게 아무런 대가도 없이 빛과 열을 제공해주는 것과 같은 것이다. 그것이 의식의 어둠이라는 어리석음에서 깨어 일어난 사람의 정신이며 행동방식인 것이다.

⚬ 명상문

삶에 목말라하는 나의 마음에 부처님의 삶의 방식을 알게 하여 작은 것으로도 큰 만족을 알게 하고 항상 주변에 감사한 마음을 표현하며 살도록 하겠습니다. 채워도 채워도 만족할 줄 모르는 배고픈 마음에서 비우면 비울수록 자존감이 높아지고 당당해지며 행복이 충만해지는 빛과 같은 삶의 방식을 이해하며 빛나는 태양의 후예로 살아가겠습니다.

끌어모으는 지구적인 방식에 중독되어 결국에는 허망한 마음을 갖지 않도록 속이 텅 빈, 소유하지 않는 청정함으로 생명의 빛을 쏟아내는 태양적인 방식으로 변경시켜서 크게 소유함이 없이도 외롭지 않고 괴롭지 않고 두렵지 않고 평화로움 속에 상쾌한 마음에 머물러 살아가도록 하겠습니다.

그래서 새로운 하루가 허용되어 태양 빛이 비추이는 아침을 만나면 난 또 다른 나에게 말하겠습니다. "저~ 태양처럼 빛을 쏟아내지는 못해도 빛을 반사하는 삶은 살아야 하지 않겠는가?"라고.

"원래 빈손이었고 마지막도 빈손임을 잊지 말고 빈손에 들어오는 것은 내 것으로 소유할 수 있는 것은 먼지 하나도 없음을 잊지 말고 겸손히 살다 가자."고.

마음이 깨끗하면 세상도 깨끗하다

부처님은 불설삼세인과경佛說三世因果經에 말씀하시기를 괴질인 전염병이 돌아 많은 사람들이 죽음으로 내몰리는 원인을 오염된 환경이라고 말씀하시고 그 오염된 환경을 만들어내는 원인은 3가지 독성毒性이라고 하신다.

즉 탐하고 미워하고 어리석은 마음 때문에 의식이 이 세 가지에 중독되어 생각 생각마다 고통을 불러오고 기분 기분마다 고통을 불러오고 몸과 정신을 병들게 한다고 한다.

우리 몸을 병들게 하는 음식물의 재료가 오염된 것이고 우리네 생활 주변 환경인 수질이나 토질이나 공기가 오염되어 있으니 이러한 환경에서 자란 식재료가 오염되어 있을 수밖에 없다.

내 몸과 맘이 오염되어 병들고 괴롭고 가정과 사회와 국가 세계가 모두 오염되고 병들고 괴로울 수밖에는 없다.

그래서 수행자는 청정한 환경에 거주하며 오염되지 않는

식재료로 음식을 만들어 먹고 잡답한 생각을 다스려 오염되기 이전의 청정심을 회복하는데 몰두하는 것이니 바이러스와 함께 살면서 매년 찾아오는 독감처럼 예방과 치유를 하면서 살아야 하는 시대에는 불교의 철학과 수행방식의 필요성이 증대될 수밖에는 없을 것이다.

마음이 탁하면 세상이 탁해진다. 왜냐하면 탁해진 마음은 그에 상응하는 환경을 만들어내고 인연을 당겨오는 것이니 현실의 모든 문제점들은 오직 우리 병든 마음이 만들어 낸 결과물이다.

♨ 명상문

어머니가 자주 하시던 말씀이 기억이 납니다. "마음 단단히 먹거라"였습니다. 음식물을 잘 먹어야 잡병이 없이 건강하게 살 수가 있듯이 마음도 잘 먹어야 괴로운 인연을 만들지 않고 평안하게 살 수가 있습니다.

같은 밭이라도 어떤 씨를 뿌리느냐에 따라서 결실이 달라지듯이 마음씨를 잘 뿌려야 괴로움을 쉬게 하고 즐거움을 늘려가며 평화롭게 살아갈 수가 있습니다.

부처님의 빈손

씨는 땅 위에 뿌려서 결실을 거두지만 마음씨는 자기와 상대의 마음속에 뿌려지고 커나가다가 때가 되면 함께 그 결실을 거둬들이며 결산을 하기 위해서 다시 만나야 하는 것입니다.

과거는 현재로 현재는 미래로 전생은 현생으로 현생은 다음 생으로 이어지면서 그 책임을 묻고 또 물어가며 더하기도 빼기도 곱하기도 나누기도 하면서 진행되는 것이 인생입니다.

수행은 이 영원한 시간의 흐름 속에서 주고받는 인과의 과보를 지금 이 순간에 삼생三生의 문제를 동시에 해결 짓는 마음의 혁신을 통해서 운명을 개선하는 것입니다.

행복의 문제는 미루어서 해결되는 것이 아니라 지금 이 순간을 행복한 상태에 이르게 하는 것이 아니면 해결이 불가능한 것입니다.

"나는 지금 이 순간 행복합니다.
나는 지금 이 순간 행복합니다.
진실로 나는 지금 이 순간 행복합니다."

정말 행복한 지금의 마음이 거울이 되어 지나온 세월 속의 나와 앞으로 살아갈 세월 속의 나를 환하게 비춰봅니다.

지나온 수많은 세월 속의 삶 까지도 나의 마음은 평온하였습니다. 살아갈 수많은 다음 생까지도 나의 마음은 평온합니다.

어머니가 말씀하시던 대로 나는 마음을 잘 먹고 살겠습니다. 부처님이 말씀하신 대로 운명은 마음 사용한 대로 만들고 받는 것임을 잊지 않겠습니다.

뭘 해달라고 요구하기보다는 상대가 필요한 바를 먼저 챙겨 주고 미워하기보다는 먼저 사랑의 손길을 내밀어 주고 눈앞의 이익 따라 움직이기보다는 조금 손해 보더라도 함께 행복해지도록 행동하겠습니다.

보석은 씻으면 빛이 난다

의식이 생각 생각에 휘둘리지 않고 순수의식 자체로 머물러 있는 상태가 지속되면 의식 자체가 발광체가 되어 지혜의 빛을 발휘되게 된다.

의식이 빛을 발하고 열린 마음이 되면 사람이나 자연을 자기의 목적을 위한 수단으로 지배하거나 이용하려 하지 않고 주의, 주장, 철학, 사상, 교리 등으로 사람을 조종하려고 하지 않는다.

물질에 종속되어 움직이는 인간은 배고픈 마음을 채움으로 기뻐한다. 값비싼 보석이나 아파트, 명품 자동차나 물건, 옷이나 현금, 멋진 남자나 예쁜 여자 등을 취하는 것으로 큰 기쁨을 얻는다.

지혜롭고 열린 마음이 된 사람은 사람이나 물건이나 물질적인 것이나 몸으로 욕망을 충족하려고 하지 않는다.

빈 마음 그대로의 순수한 마음을 청정한 마음이라고 하는

데 이러한 마음 상태에서는 평온함 속에서 아주 상쾌한 기분이 흘러넘치게 되니 눕거나 앉거나 서거나 걷거나 모두 다 기분 좋은 상태가 지속된다.

이런 기분은 오랜만에 목욕탕에 가서 묵은 때를 씻어내고 몸을 탕 속에 담그고 있다가 나오면 날아갈 듯이 가뿐한 기분에 비교할 수가 있다. 보석은 씻을수록 빛이 나고 마음은 욕망을 비워 낼수록 빛이 나는 법이다.

의식이 생각의 번잡함에서 벗어나서 감정이 평온한 상태를 지속하게 되면 몸의 움직임은 최소화 되게 된다.

몸과 손발을 이용하여 감각적 욕망을 충족하려 하거나 상대를 해코지하려는 행동이 사라지게 되니 이러한 상태를 참다운 자연인의 생활이라고 할 것이다. 일어나는 욕망을 이를

26   부처님의 빈손

꽉 물고 억지로 참고 지내는 것이 아닌 자연스런 무욕의 생활
이 이루어진다.

🧘 명상문

식사할 때 밥 속에 돌이 있으면 골라내서 버립니다. 혹 돌
을 깨물게 되면 입안에 음식물이 아까워도 뱉어내고 먹듯이
과거의 상처 입고 원망스럽고 숨기고 싶은 기억들이 일어날
때는 조금도 주저 말고 과감하게 버려야 합니다.

좋은 추억들은 간직하고 자신에게 마이너스가 되는 부정적
인 생각들이나 자신의 능력으로 할 수 없는 일들은 붙들고 있
지 말고 과감하게 놔버려야 합니다.

마음이 종종 외출할 때는 좋은 추억이나 상상들은 해도 되
지만 부정적인 것은 자신의 상처를 덧나게 하므로 밖으로 내
보내야 합니다. 그래도 계속 떠오른다면 아픈 상처를 경험으
로 삼고 그 일을 큰 교훈 삼으면 마음이 안정되면서 삶을 더
욱 풍부하게 하는 밑거름이 됩니다.

남에게 좋은 사람이란 평가를 받으려고 너무 자신의 색깔

을 죽이지 말아야 합니다. 남에게 피해 주는 것이 아니라면 주변 사람들을 너무 의식하며 살 필요가 없습니다.

나는 나의 색깔로 살아있을 때 가장 행복한 것이기 때문입니다. 나의 아주 작은 일이라도 내가 좋아하는 일에 집중하는 것이 확실한 행복을 위한 길이 됩니다.

그리고 나이가 들수록 번잡한 생활을 멀리하고 조용히 혼자만의 시간을 즐길 줄도 알아야 혼자 있을 때 외롭지가 않습니다. 혼자서 독서하고 차를 마시고 산책을 하며 사색에 빠질 줄 안다면 혼자 있음의 자유를 만끽하고 평안하게 살아갈 수가 있습니다.

노후가 되어서까지 자식의 삶을 챙기며 그 속에서 희로애락을 나누며 사는 것은 좋은 일이 아닙니다. 무자식 상팔자라는 말이 있듯이 나이가 들어가면서는 점차 자식과 주변에 신경 쓸 일들은 거리를 두고 자신에게 좀 더 관심을 집중하며 주어진 시간을 자기를 위해서 활용할 수 있어야 합니다.

하늘의 천신이나 지상의 사람들이나 온갖 동물이나 평소 소중히 여기며 지녔던 것과 몸을 장식한 액세서리도 다 내려놓고 철저하게 나 혼자만의 시간을 가지면서 세상으로부터 간섭받지 않는 완전한 휴식시간을 누리는 연습을 해보세요.

지금까지 나를 따라 수고해온 내 몸을 위해서 대자로 바닥에 누워 천정을 쳐다봐도 좋습니다. 지금까지 수고해온 경직된 내 몸을 풀어내기 위해서 조용히 걸어보는 것도 좋습니다.

지금까지 수고해온 내 몸을 위로하기 위해서 위로 머리에서 아래로 발끝까지 순차적으로 마음속으로 스캔을 하며 힘을 빼면서 내 몸에게 감사의 마음을 전해 보는 것도 좋습니다.

"나는 머리에서 발끝까지 내 몸의 희생을 감사하게 여깁니다."

몸과 마음에 도움이 되지 않는 생각들을 거침없이 밖으로 내던지도록 하세요. 몸과 마음에 도움이 되는 생각들은 적극적으로 해 나가도록 하세요.

그리고 나의 힘으로 감당할 수 없는 일은 끌어안고 괴로워 말고 내려놓고 자유롭게 살아가세요. 그것이 상대도 나를 끌어안고 괴로워하는 입장에서 벗어나 자유로운 길을 열어갈 기회가 될 수 있습니다.

단지 인연에 따를 뿐

🪷

마음이 깨어있는 사람은 자신이 침묵을 하고 있거나 아니면 말을 쏟아내고 있거나 깨어있는 마음의 상태에서 벗어나지 않는다. 마치 누드모델이 실오라기 한 장 걸치지 않고 알몸을 드러내든 겹겹으로 옷을 걸치고 있든 자기는 자기일 뿐이라는 사실과 다름이 없다.

보살이 청정한 마음으로 평화로운 마음을 유지하든 이 세상이 맑고 향기로운 세상이 되도록 행동하든 자기 마음 상태는 하등 변화가 없다.

각기 다른 상황과 조건에 따라서 자기에게 요구되는 행동을 그냥 할 뿐이며 자기는 그 어디에도 걸리지 않는 자유로운 마음의 소유자인 것이다.

이를 금강경에서 "응무소주應無所住 이생기심以生其心"이라 하여 마땅히 머무는 바 없이 마음을 일으켜 사용하는 상황인 것이다.

부처님의 빈손

불교란 어떤 상황 아래에서든 마음이 깨어있도록 가르침을 준다. 마음이 깨어있음이란 마음이 괴로움에 빠지지 않게 마음을 사용하는 것을 말한다.

♟ 명상문

"나는 항상 깨어있어 내 몸과 맘의 움직임을 살피겠습니다."

외로우면 "내가 외로워하고 있구나!"하고 알며
괴로우면 "내가 괴로워하고 있구나!"하고 알며
아프면 "내가 아파하고 있구나!"하고 알며
불안하면 "내가 불안해하고 있구나!"하고 알며
미워지면 "내가 미워하고 있구나!"하고 알며
화가 나며 "내가 화나고 있구나!"하고 알아차려서 마치 엄마가 갓난아기를 살펴보듯이 하겠습니다.

이렇게 몸과 맘에서 일어나고 사라지는 움직임을 살피는 연습이 습관화되면 마음이 현실의 긴장에서 벗어나면서 완전한 이완의 상태로 이동하며 괴로움에서 점차로 벗어나기 시작합니다.

마음에서 수많은 생각과 감정들이 일어났다가 사라지고를 반복하고 외부상황은 그 어떠한 변화 없이 이전 모습 그대로인데도 강화된 관찰의 힘으로 마음이 외부에 반응하는 움직임이 점점 줄어들면서 괴로움에 휘둘림을 당하지 않게 됩니다.

"나는 내 마음이 천상천하 유아독존으로 홀로서기 할 수 있도록 지켜볼 것입니다.
나는 내 마음이 천상천하 유아독존으로 홀로서기 할 수 있도록 지켜볼 것입니다.
나는 내 마음이 천상천하 유아독존으로 홀로서기 할 수 있도록 지켜볼 것입니다."

하늘 위에 신들이나 땅 위에 사람들이나 그 어떤 진귀한 것에도 의지하지 않고 기대하지 않고 나 스스로의 마음으로 당당히 홀로서기를 연습하며 존귀한 자의 마음을 닮는 연습을 하여가야 합니다.

그것이 모든 외로움과 괴로움과 불안함과 죽음까지도 상관치 않는 깨어있는 마음으로 살아가는 길입니다.

　　　　　　　　　　　　　　　부처님의 빈손

만들어졌다 사라지는 것

🪷

　자연계는 수많은 자극에 반응하며 생성되는 앎의 덩어리들이 물질화의 과정을 밟으면서 오감을 갖추고 외부와 접촉하며 이성적으로 행동하는 인간으로 발전하게 된다.

　그 수많은 자극은 정보의 덩어리로 업식이 되며 그것은 자석이 주변의 쇳가루를 끌어당겨 뭉치게 하듯이 주변의 수많은 미립자들을 끌어와서 몸체를 만든다.

　몸체가 죽음을 맞이하면 미립자들은 자연으로 흩어져 사라지고 앎의 덩어리인 업식이 만들어낸 중음신中陰身이 떠돌다가 자신의 파동과 맞는 인연을 쫓아서 다시 환생을 하게 된다.

　깨달음이란 이러한 윤회의 과정을 밝히고 이해하고 윤회의 시스템을 자유롭게 활용하여 자신이 원하는 바에 따라서 환생을 가능하게 하는 초월적인 에너지 조정능력을 터득한 상태를 말하는 것이다.

　대륙간탄도미사일은 대기권 밖으로 나가 날다가 목표지점

에 이르러 대기권 안으로 재진입하여 낙하하는 과정을 밟게
되는데 이는 에너지를 특별히 운영하는 기술이 필요하며 인
간 환생의 과정도 자연계의 에너지 운영 시스템에 의해서 자
동적으로 가능하도록 구조화되어 있다.

그러므로 윤회하는 자연계의 변화체계는 깨달음의 전후에
상관없이 존재하는 것이며 단지 '묶임'과 '자유로움'의 차이만
있을 뿐이다.

중생의 삶은 자연계의 운영시스템에 묶여서 살아가고 깨어
난 자는 삶과 죽음에 구애받지 않는 자유로운 상태로 의식을
각 차원에 맞게 자유롭게 전환이 가능하게 숙련된 사람이란
것이 다르다.

♨ 명상문

잔잔한 호수에 하나의 파문이 일어나면 이어서 수많은 파
문이 일어나 주변으로 퍼집니다. 살아 움직이는 몸짓은 맨 처
음엔 고요한 정적 속에서 미세한 떨림인 한 생각으로 시작되
어 수많은 떨림으로 이어가다가 급기야 우주 안에 가득한 생
각들로 출렁거리게 됩니다.

나는 누구인가?

오늘도 나는 보고 듣고 숨 쉬고 먹고 마시고 느끼고 생각하는 가운데 수많은 생명인자를 창조하며 이미 창조된 피조물들과 함께 흐르고 있는 것입니다.

우주 안에 흐르는 수많은 존재들 중에 '나' 아닌 것은 없습니다. 사랑하는 남녀가 만나 자기를 닮은 또 다른 자기를 만들고 또 다른 자기는 다시 또 다른 자기들을 이어서 만들어 나갑니다.

우주 안에 흐르는 수많은 존재들은 바로 내 품 안에서 출렁거리는 '나'의 살아있는 몸짓입니다. 그것은 수많은 생각들 하나하나가 움직이는 것이기도 합니다.

"네 이웃을 내 몸같이 사랑하라"는 말씀은 "네 이웃"이 바로 '나'라는 뜻으로 너의 관점에서 바라보이는 '나' 역시 '너'인 것입니다.

내가 수많은 너들로 몸을 나타냈다가 알아차림을 통해서 본래의 '나'로 돌아가는 일대사가 바로 인생인 것입니다. 그러므로 살아가면서 만나게 되는 수많은 인연과의 사연들은 바로 '나'의 이야기입니다.

만들어졌다 사라지는 것

"수많은 나들이여! 그동안 몰라봐서 미안합니다.
수많은 나들이여! 그동안 힘들게 해서 미안합니다.
수많은 나들이여! 그동안 정말로 미안합니다."

빛이라는 나는 어둠을 몰아내어 만물을 밝음 가운데 드러
나게 하는 삶을 살고
달빛이라는 나는 밤하늘이 어두울수록 더욱더 밝게 빛을
내는 삶을 살고
강물이라는 나는 구불구불 흐르나 멈추지 않고 흘러서 마
침내 넓은 바다에 이르는 삶을 살고 마음을 비워 투명하여서

　　　　　　　　　　　　　　　　부처님의 빈손

지혜의 빛을 방광하는 나는 세상의 기쁨을 위해서 살아가고
있습니다.

　보이고
　들리고
　맡아지고
　느껴지고
　떠오르는 생각들 이 모든 것은 또 다른 나의 모습들입니다.
그러므로 이 세상에서 인연이 되어 경험하는 것들은 또 다른
나들로서 내가 사랑해야 할 대상들입니다.
　이웃을 내 몸같이 사랑할 수 있으려면 먼저 자신을 사랑할
줄 알아야 합니다. 부모님이 자신을 사랑하며 키워준 그 이상
으로 자신에 대한 관심과 이해와 챙김이 필요합니다.

괴로움을 떠나 허허롭게 살자

🪷

붓다와 중생의 관심사는 괴로움이다. 붓다가 왜 인생사가 괴로울까를 궁리해 보니 괴로울 것이 없는데 공연히 괴로울 거리를 붙들고 괴로워하고 있는 자신을 발견하게 된 것이다.

붉게 달구어진 쇳덩이가 뜨겁다는 것을 알면 곧바로 놔버리면 괴로움을 겪지 않아도 될 것인데 붙들고서 괴롭다고 하는 것이 인간의 어리석은 모습이기도 하다.

놔버리는 것이 자기에게 이익인데 한 치 앞을 분간치 못하는 인연과보因緣果報에 관한 진실한 이치를 알지 못하는 어리석음 때문에 눈앞에 보이는 이해타산을 따지고 허망한 탐욕을 좇고 서로를 미워하며 괴로움에 빠져 사는 것이다.

일체 현상의 기본값은 제로(0) 곧 공空으로 텅 비어 있다는 것이 붓다의 가르침이다. 어떤 것도 실체가 없이 단지 조건에 의하여 이합집산離合集散하는 일시적인 현상에 불과한 것이다.

부처님의 빈손

이를 알며 곧 어떤 수에라도 0을 곱하면 제로(0) 곧 공空이 되어 아무것도 없는 상태가 되니 삶이나 죽음이나 그 어떤 문제도 사라져 버리고 평화로운 마음이 될 수 있는 것이다.

이것이 붓다가 중생들에게 전하려는 핵심 메시지이다. 그러나 많은 사람들에게 드는 의문은 이렇게 결정된 것이 없고 규정할 수 있는 것이 없다는 사실을 안다 해도 이해타산을 따지는 현실 속에서 그렇게 살아 있을 수 있는가의 문제이다.

답은 '그렇다'이다. 왜냐면 존재계에 있는 것은 나 아닌 것이 단 하나도 없다는 사실이기 때문이다. 나 아닌 그 누군가가 이익을 가져가도 그 이익은 바로 또 다른 나의 이익이 되고 결과적으로 나의 이익 값으로 계산되어 돌아오기 때문이다. 바로 늘어남도 없고 줄어듦도 없는 부증불감不增不減이다.

괴로움이 있다면 그 괴로움은 나를 포함하여 또 다른 나들의 고통이라는 사실이다. 이러한 실상을 안다면 나를 포함하여 누구도 손해 보는 반응을 보일 수 없고 서로 이익을 보는 방향으로 행동하게 될 것이다.

바로 눈앞의 이익에 함몰되어 서로 자기를 알아보지 못하고 자기에게 고통을 주고받는 자해自害하는 인간에게 붓다의 외침은 깨어나서 상호이익을 위해서 살아가라는 것이었다.

🧘 명상문

나의 미래는 현재의 거울에 비치고 있는 과거 모습의 연장으로 나타납니다. 시간이란 영원에서 영원까지 1초도 끊어짐이 없이 이어져 있고 그것은 이 순간 속에 수렴되어 있다가 미래의 시간 속으로 펼쳐져 나가는 것입니다.

남해안 다도해의 크고 작은 섬들이 보여지는 모습들은 제각각이지만 물을 다 거둬내 버리면 하나의 거대한 산맥으로 이어져 있듯이 내가 서 있는 지금의 이 자리가 무한대한 우주가 압축된 끝의 머리이며 무한대하게 펼쳐져 나갈 우주의 시발점인 것입니다.

"나는 나를 믿습니다. 나는 나를 믿습니다. 나는 나를 믿습니다. 마음먹고 행동한 대로 그 결과가 분명하게 내 앞에 그대로 나타나게 된다는 사실을 믿습니다."

"나는 압니다. 내가 마음먹고 행동한 대로 그 결과가 내 앞에 분명하게 나타난다는 사실을 압니다. 나는 내 행복을 위해서 마음을 행복하게 사용하는 법을 압니다. 나는 나를 믿습니다. 나는 나를 믿습니다. 나는 나를 믿습니다."

　　　　　　　　　　　　　　　부처님의 빈손

무아無我

괴로움의 소멸에 대한 붓다의 입장은 인간은 자기를 둘러싼 수많은 인생사의 고통을 겪고 사는데 사실 자기란 존재하지 않는다는 사실을 강조한다.

즉 '나'는 존재하지도 않는데 그 허상의 나를 붙잡고 나를 둘러싼 관계 속에서의 고통을 호소한다는 것이다. 그러므로 나가 존재하지 않는 허상임을 알아차린다면 즉시 고통이란 사라진다는 것이다.

인연의 성립은 상대성이기 때문에 나와 상대 중 하나만 인정되지 않으면 문제는 성립되지 않고 사라지는 것이다.

붓다가 깨달은 사성제四聖諦에서의 고통이란 단순히 생로병사에만 국한된 논리가 아니라 나를 전제하기 때문에 일어나는 근원적인 괴로움인 것이다.

붓다의 무아론無我論은 나를 내세우지 않기 때문에 일체의 괴로움을 일으킬 대전제가 사라짐으로 인하여 일체의 괴로움이 존재할 수 없는 것이다.

그러므로 부정에 부정을 더하는 붓다의 관점이 갖는 의미는 철저하게 무아에 근거하여 수많은 인간사의 괴로움에서 벗어나는 길을 제시한 것이다.

불성이니 진아니 공성이니 주인공이니 해탈이니 열반까지도 부정하며 있다 없다는 견해까지도 벗어난 최상의 가르침인 것이다.

'있는 것도 아니요, 없는 것도 아니다.'라는 애매모호한 표현이야말로 있다는 것이나 없다는 것에 대한 함정에 빠지지 않고 절대적 긍정상태에 머물게 하는 최상의 가르침인 것이다.

붓다의 무아론이야 말로 괴로움에서 벗어나고 기쁨이 충만하고 영원히 산다는 것까지 벗어나는 위없는 최고의 논리인 것이다.

이렇듯 붓다는 사물을 바라보는 관점을 제로(0)의 위치에 둠으로 일체 변화에 구애됨이 없이 의식의 자유로움을 유지할 수가 있는 것이다.

돌아가는 팽이는 위나 옆이나 아래 등 바라보는 각각의 위치점이 다르게 구분되어 있지만 팽이가 돌아가는 중심점은 어디서 바라보던지 한 지점을 향하게 되어 있다.

변화하는 움직임을 겉으로 경험하게 될 때는 의식이 시공

　　　　　　　　　　　　부처님의 빈손

간 속에 나눠지고 각 시간과 공간 속에 의식이 갇혀 자기 고집 속에 함몰되어 있지만 그 중심점에서 바라볼 때는 조금도 중심점을 벗어나지 않고 돌아가고 있는 것이다.

이것이 의식이 중심에 머무르는 붓다의 깨어있는 의식, 전체적인 움직임을 중심점에서 파악해내게 하는 통찰의 힘인 것이다. 관심을 현상에만 두면 변화의 끄트머리에 위치하게 되는 의식의 분열, 제한된 인식에 머무는 중생이 되는 것이다.

붓다의 수행법은 의식이 여러 생각들로 이동하여 생사윤회의 문이 열리는 삶의 방식에서 의식이 한 생각에 머물러 생사윤회의 굴레에서 벗어나 자유로운 마음이 되는 것을 지향한다.

그러므로 수행이란 의식이 언제 어느 때나 원하는 순간에는 한 생각에 머물러 깨어있는 상태가 가능하도록 구조화를 시키는 훈련인 것이다.

♟ 명상문

겨울 동안 처마 끝에 매달린 고드름이 햇빛을 보면 녹기 시작하여 물방울들이 하나둘씩 떨어지기 시작합니다.

고드름이 떨어지는 속도를 보니 1초에 한 방울씩 떨어진다고 할 때, 저 큰 둥치가 다 녹아내리려면 얼마의 시간이 걸리겠다고 한다면 틀린 말이 됩니다.

무아

햇빛에 녹아내리던 고드름은 어느 순간에 이르면 둥치 채로 떨어져 내리게 되기 때문입니다. 산에 지진이 나면 한순간에 무너져 내리고 화산도 일정한 온도가 되면 폭발하여 하늘 높이 치솟게 됩니다.

먹빛보다 더 검은 어두운 마음이라도 벼락에 맞은 나무가 한순간에 죽어 고목이 되어버리듯이 기도나 명상공부가 어느 순간에 이르면 어두운 마음은 죽어 사라지고 밝은 마음으로 살아 드러나게 됩니다.

울려거든 하늘 끝까지 울음소리가 울리도록 울어야 합니다. 진정한 울음의 파동은 하늘을 감동시키고 다시금 자신에게로 돌아옵니다. 그래서 울음은 울림으로 통합니다.

어지러운 생각과 감정의 먹구름을 흩어버리고 새로운 자기로 태어나기 위해 쏟아내는 눈물은 맑고도 향기롭습니다.

폭포수처럼 쏟아져 내리는 참회의 눈물 속에서 수많은 생각의 파편과 아픈 감정들이 쓸려 내려갑니다.

그리고 뻥 뚫린 눈 가운데 동공에서는 눈물이 아닌 사랑의 빛줄기가 쏟아져 내립니다. 세상에 절망하며 눈물 흘리던 마

음속에 하늘나라가 열리며 활짝 웃음 짓는 자기로 거듭나면
서 축복의 빛이 드러나게 됩니다.

무아

물

가랑비는 이미 나 있는 좁은 길을 따라서 흐르나 큰비는 주어진 길을 따라 흐르면서도 더 큰 길을 만들며 흐르고 집중적으로 폭우가 내리게 되면 이미 주어진 길을 다 휩쓸면서 흐르게 되니 딱히 길이라고 할 곳이 없이 그냥 흐르는 대로 길이 되는 것이다.

'대도大道는 무문無門!'이라고 했다. 소인들은 이미 나 있는 길만을 고집하며 자기식대로 흐르며 살아간다. 그들은 새로운 길을 생각할 여지가 없이 그냥 주어진 대로 맞춰 살아갈 뿐이다.

중인들은 주어진 길을 따라 살아가면서도 조금씩 새로운 길을 만들면서 자기 향상을 해 나가며 자기 이외의 이웃이라는 개념을 생각하며 살기도 한다.

그러나 대인들은 창조적 사고를 하며 혁명적인 행동을 하기 때문에 주어진 길을 따라 흐르며 조금씩 새로운 길을 만들

부처님의 빈손

어 흐르기도 하면서도 세상의 모든 땅을 휩쓸면서 별달리 길을 구분 짓지 않고 전체적으로 흐르기도 한다.

중생은 주어진 길을 따라 흐르며 자기식만을 고집하면서 눈앞의 이익을 좇아서 주변에 반응하면서 살아간다. 마치 숙명론자들처럼 삶이란 이미 타고난 대로 길이 주어진 대로 살아간다는 고정관념을 가지고 살아간다.

잘살아도 못살아도 정해진 대로 된다는 생각이다. 노예근성이 따로 없으며 힘 있는 강자에게 자기의 삶을 맡기고 거기에 굴종하는 어리석은 삶의 형태이다.

그러나 수행자는 길 아닌 길도 주저 없이 걸어가는 존재이다. 그에게는 세상 모든 곳이 길 아닌 곳이 없다.

마치 전천후로 어디든지 굴러다니는 성능 좋은 차와 같다. 그에게는 문 아닌 곳이 없는 세상살이이기에 꼭 정해진 길이 따로 있는 것만이 아니니 이름하여 '대도大道는 무문無門'인 것이다.

운명에 대한 이해도 주어진 대로 반응하는 것이 아니라 주어진 상황에서 최선의 선택을 하여 자기나 상대에게 유익한 행동을 하는 것이다.

그는 운명대로 반응치 않고 주어진 운명을 따르면서 새로운 길을 만들어 가는 사람이다. 그런 점에서 '마음이 흘러가는 대로 길이 난다.'는 진리를 알아야 한다. 행복도 내가 만드는 것이고 불행도 내가 만드는 것이다. 그것은 바로 이 순간, 여기에서 나의 행동으로 결정하여 사는 것이다.

🪨 명상문

일체 존재는 회전하는 마음의 빛으로 창조가 되면서 나아갑니다. 눈으로 볼 때는 빛이 그냥 내리쬐는 것 같아도 사실은 돌고 돌아가면서 쏟아지는 것입니다.

물이 마냥 흘러가는 것 같아도 물방울들이 회전하면서 미끄러지듯이 흘러 넓은 바다에 이르는 것입니다.

한 번은 음陰하고 한 번은 양陽하면서 서로 밀고 당기고를 반복하며 돌아가는 것이니 생로병사 하는 인간의 삶의 과정도 그러해서 인연과보因緣果報를 만들어 내게 되고 죽음 이후에도 그 원리는 그대로 적용되어 삶은 영원히 진행되는 것입니다.

길이란 이미 만들어진 길을 따라가기도 하지만 길이 막히면 마음으로 길을 내어서 새로운 길로 나가기도 합니다. 마치 물이 물길을 따라 흘러가지만 새로운 물길을 내어주면 새길 따라서 흘러가는 것과 같습니다.

죽은 영혼도 죽은 이후의 세상에서 나아갈 길이 보이지 않

부처님의 빈손

을 때 가족들이 내어준 새로운 길을 따라 나아가는 것이니 그래서 제사나 천도재는 죽은 망자를 위해서 매우 중요한 길을 내어주는 의식입니다.

　우울하거나 괴롭거나 가슴이 답답하거나 누군가가 미워지거나 잡념이 일어나거나 답이 보이지 않거나 할 때는 동네를 한 바퀴 돌아보는 것도 감정을 정리하고 평온한 마음을 회복하는 데 도움이 됩니다.

　"혼자서 걸으며 돌고 돌아보세요. 막힌 몸도 풀어지고 혈액이 원만하게 돌아갑니다."
　"혼자서 걸으며 돌고 돌아보세요. 막힌 가슴도 풀어지고 숨 쉬기도 편해집니다."

물

"혼자서 걸으며 돌고 돌아보세요. 막힌 뇌가 풀어지고 머리가 맑고 아이디어가 풍부해집니다."

평소 걷기 운동만 꾸준히 해도 병의 대부분을 예방하고 치유하는 데 도움이 됩니다.

한평생 나와 더불어 동행해온 내 몸을 소중히 여기는 마음과 함께 부려만 먹었던 것에 대한 채무의식을 가져야 합니다. 몸의 헌신 없이 나의 삶은 불가능한 것이었기 때문입니다.

몸의 희생 속에서 나는 수많은 스토리를 만들어 나올 수 있었습니다. 지금부터라도 망가진 몸의 신음 소리와 늙고 병들어 헐떡이는 숨소리에 귀 기울일 줄 알아야 합니다.

이러한 태도는 나와 인연이 되어 만나는 사람이나 물건에 생기를 불어넣으며 행복의 에너지를 전달하고 확산하는 거룩한 행보로 이어지게 됩니다. "나를 위해 그동안 수고한 눈과 귀와 코와 입과 팔다리와 오장육부에게 감사의 합장을 올립니다."

오직 한 생각에 깨어있기

시속 100㎞로 달리는 차가 있다고 하자. 관찰자가 시속 100㎞보다 더 빠르게 나아가면 차는 뒤로 물러나며 과거가 되고 더 느리게 나아가면 차는 앞으로 달아나며 미래가 된다.

그러나 차의 속도만큼 달린다면 차는 현재 이 순간 나와 함께 하는 것이 되어 영원한 과거와 영원한 미래는 존재하지 않고 오직 현재, 이 순간만이 존재하게 된다.

시작도 없고 끝도 없으며 생로병사도 없으며 제1 원인이나 피조물도 없으며 지옥과 하늘나라가 없으며 고집멸도苦集滅道도 없다. 그래서 수행자는 오직 이 순간에 마음을 두고 정신을 깨어 머무는 것이다. 오직 이 순간에만!!

명상, 화두, 염불, 간경, 사경, 절 등 그 무엇을 하든지 움직임과 함께하는 의식이라면 절대 하나인 제로의 공에 머물러 시간 공간의 구분이나 제약을 벗어나서 인식력이 전체에 합치하여 있는 것이다.

거대한 바닷속의 한 마리 작은 고기가 물이 되는 순간에 그는 현상에서는 작은 고기 한 마리일 뿐이나 사실은 출렁거리는 거대한 바다 자체인 것이다.

바다가 고기에게 생존 환경을 제공하는 것뿐 아니라 생명 자체로서 수많은 크고 작은 고기떼들을 품고 출렁거리는 원천이 되지만 작은 고기의 몸 구석구석을 거대한 바닷물이 드나드는 길이 되기에 고기 왈 "나는 거대한 바닷물이 드나드는 길이요, 진리요, 생명이니라."라고 자신을 소개할 수 있는 것이다.

절대음감을 지닌 신동은 자연계의 그 어떠한 소리든지 듣는 그대로 악기를 통하여 표현해 낼 수가 있고 사람의 얼굴이나 몸을 만지거나 나무나 바위의 생김새를 바라보고 바람이 불고 낙엽이 뒹구는 모습을 보고서 느끼는 감정을 그대로 음악으로 표현해 낼 수가 있다.

그에겐 바람 소리, 물소리, 빗소리, 새들의 지저귀는 소리, 풀벌레 소리, 낙엽이 휘날리는 소리, 파도소리와 같은 자연의 소리 모든 것이 음악 아닌 것이 없다.

수행자에겐 일체의 현상들 모양, 소리, 냄새, 맛, 느낌, 생각 등이 모두 명상의 방편들이며 괴로움을 벗어나서 평화로움에 머물며 상쾌한 기분에 충만하게 하는 대상들인 것이다.

부처님의 빈손

모양, 소리, 향기, 맛, 느낌, 생각을 타고 흐르기도 하면서 동시에 감각적 욕망을 초월하는 징검다리로 삼을 수도 있는 것이다.

그러므로 마음을 사용하는 훈련을 통해서 '한 생각'에 마음을 모으고 깨어있을 수 있는 것이 구조화되어 있어 하나의 생각에 머무름이 자유로워져 있다면 그는 붓다의 손에 들린 한 송이 연꽃같이 깨어난 존재라 할 수 있을 것이다.

🪨 명상문

마음을 수행하여 행복하게 살아 있고자 한다면

오늘 하루만이라도 조건을 달지 말고, 기대하지도 말고, 이익을 생각지도 말고, 간 보려 하지도 말고, 조용히 자기만의 시간을 가져보자.

인간의 기본심리는 배고픈 마음을 채우기 위해서 사람을 만나거나 어떤 상황에 놓이면 그 속에서 자신의 안전과 생존을 고려하는 습관이 순간적으로 작동하게 되어 있다.

그래서 이기적이며 계산적일 수밖에 없으며 자신이 필요로 하는 것에 대하여 집착하게 되고 그에 끄달려 다니며 괴로움을 겪고 사는 것이다.

　인간은 스스로 자족하는 마음을 얻지 못하면 비교하는 마음 때문에 죽을 때까지 괴롭고 우울하게 살게 되는 것이니 자족이야말로 행복의 지름길이다.

　먹잇감을 찾아 헤매는 하이에나 심리에서 잠시라도 벗어나 마음을 대자연을 향하여 오픈하며 경계심을 내려놓고 그냥 있는 그대로의 상황을 느껴보도록 하자.

　마치 움츠려있던 꽃 몽우리가 세상에 대한 경계심을 풀고 자신의 속내를 드러내어 꽃으로 피어나서 세상을 꽃잎으로

부처님의 빈손

감싸 안으며 꽃향기를 휘날리는 그 기분을 만끽하여 보자.

경계하지 않고 오픈된 마음이 하늘로 향하면 하늘이 마음 속에 내려오고 바다를 향하면 푸른 바다가 마음속에 물결치 고 별을 향하면 별들이 쏟아져 수많은 사연들을 전해주며 달 을 향하면 어둠 속에서도 마음에 밝은 길을 내어준다.

잠시 잠깐이라도 모든 경계심을 내려놓고 묻지도 따지지도 말며 그냥 주어진 상황을 그대로 느껴보자.

"나는 행복합니다. 나는 행복합니다. 나는 행복합니다."

묻지도 따지지도 않고 있는 그대로 바라보며 느껴봅니다. 어떠한 생각도 판단도 결정도 하지 않고 그냥 지금, 이 순간 의 상황을 그대로 느껴 봅니다.

중도적 삶

🪷

한자로 가운데 中 자는 위(하늘)와 아래(땅)를 반으로 가로지르는 모습을 하고 있다. 존재의 양면성이랄 수 있는데 이를 움직이는 역동성으로 표현을 하면 ☯ 음양을 거느리는 태극의 S 라인이 될 것이다.

태극은 좌우의 대립을 넘어 상호 소통하며 종국적으론 하나로 통일을 향해 나아가도록 하는 정신이며 인간관계에서는 정신적이나 물질적으로 소유나 정복의 개념을 넘어선 무소유한 경지를 추구케 하니 이는 나누는 삶으로 나타난다.

태극에서 양분된 음양이란 성질은 인간의 마음 안에서 좋아하는 것은 어떻게 해서라도 자기 수중에 넣으려 당겨오고 싫어하는 것은 자기에게서 멀리 떨쳐 내려고 한다.

이러한 심리는 결국 자기의 영역으로 좋은 것을 끌어안게 되고 싫어하는 것 또한 자기 영역 안에 끌어안게 되는 결과를 만들어 낸다.

좋은 것이든 싫은 것이든 둥글게 돌아가며 당기든 밀치든 결국 자기 영역 안과 밖에서의 변화인 것이다. 자기라는 기준선을 안팎으로 나눈 것으로 모두 다 자신의 영역인 것이다.

그래서 좋아하는 것이든 싫어하는 것이든 또 다른 자기의 일원이 되어 자기와 생사고락을 함께하는 하나의 살림살이가 되는 것이다.

"네 이웃을 내 몸같이 사랑하라"고 강조하게 되는 것 또한 살아 움직이는 모든 것은 또 다른 자기의 일부가 되기 때문이다.

새벽이 되어 해가 떠오르면 밤새 어둡던 영역이 서서히 밝아지면서 어둠은 사라지게 되고 저녁이 되면 낮 동안 밝던 세상이 서서히 어둠 속에 파묻히게 된다.

어둠이 확장되면 밝음은 어둠 속에 들어오고 밝음이 확장되면 어둠은 밝음 속에 들어오게 되듯이 자신이 좋아하는 것을 가까이 당기려 하는 것이나 싫어서 멀리 떨쳐내려고 하는 것이나 사실은 자기의 영역 안에서 일어나는 자기의 일일 뿐 단 하나도 자기 살림 아닌 것이 없다.

진리의 참모습이 이러하기 때문에 세상 속에서 깨어있는 사람은 구분 짓지 않는 삶을 살아가고 이를 하늘나라라고 하는 것이다.

부처님의 빈손

괴로운 일상에서 벗어나서 하늘나라의 행복을 느끼고 살고 싶다면 고개를 들어 하늘을 천천히 둘러보라. 저 높은 하늘에서 자신의 모습을 내려다본다면 하나의 작은 점일 뿐이다.

영원한 시간에서 본다면 자신이 움직이고 있는 모습들은 아주 짧은 시간에 일어났다 바람에 흩어지는 뜬구름 같은 일일 뿐이다. 내 편, 네 편을 가르고 내 것, 네 것으로 구분 짓는 일이 얼마나 허망한 짓이고 괴로움을 사서 하는 일인가를 깨달아야 한다.

♨ 명상문

탐하는 마음 잠시 내려놓으면 그 무엇인가에 집착하는 마음 또한 잠시나마 멀어지게 되니 둥지를 벗어나 하늘을 향해 날아가는 새처럼 마음도 긴장에서 벗어나서 자유롭게 하늘을 날게 됩니다.

탐하는 마음은 그 무엇인가를 집착하게 되고 상대에 대해서도 나에게 집중케 하여 잘 해주도록 강제하며 생각마저 자기 맘대로 조종하려고 하는데 이것은 폭력적인 태도인 것입니다.

이런 관계는 오래가지 못하여 정이 메마르게 되고 관계는 거의 의무감에서 움직이게 됩니다.

무엇이든지 탐하는 마음으로 바라보지 않는다면 그것은 귀하게 여기며 소중히 챙겨주는 마음이 됩니다. 이타적이 되며 관계 또한 매우 정감이 넘치는 사이가 되고 그것은 내 생각을 상대를 위하여 마쳐 나가는 보살정신의 실천이라고 할 것입니다.

"나는 행복합니다. 나는 행복합니다. 나는 행복합니다."

누구를 만나든 맞출 준비가 되어 있고 어떤 상황에 놓이든 마쳐 나갈 준비가 되어 있습니다. 그러므로 갈등하고 언쟁하며 상대를 자기 생각이나 기분에 맞도록 강제하지 않습니다.

상대를 어린아이로 바라본다면 그에게 무얼 원하기보다는 그를 보호하고 필요한 바를 챙겨주는 마음이 우선일 것입니다. 이러한 태도가 생활 속에서 강조되는 무소유한 정신의 실천입니다.

무소유한 정신은 감각적 욕망으로부터 자유롭게 행동하는 것으로 나의 욕망을 비어내서 또 다른 나 들을 챙기며 그들이

부처님의 빈손

행복해하는 모습을 보고 행복해 할 수 있는 삶의 방식을 말하는 것입니다.

만나는 사람이나 처한 상황에 맞춰 처신하되 그에게 어떤 기대도 하지 말고 의지하려는 마음도 갖지 말고 가능한 철없는 어린아이를 대하듯 하는 태도가 괴로움에 빠지지 않고 평화롭게 마음을 유지하며 행복하게 사는 방식입니다.

기도

넓은 가슴을 내어주며
아파하는 나를 안아준 당신.

든든한 등을 내어주며
지친 날 업어준 당신.

따뜻한 손을 내어주며
차가운 내 손을 꽉 잡아준 당신.

당신 앞에 기도하며
뜻이 하늘같이 높은 사람.
가슴이 대지처럼 넓은 사람.
생각이 바다처럼 깊은 사람이 되리라 다짐해 봅니다.

부처님의 빈손

그리하여

별처럼 어두운 곳에서는 빛을 내고

꽃처럼 밝은 곳에서는 향기를 내는 사람이 되렵니다.

기도   63

행복의 길

배우지 않고 경험하지 않고 알 수 있는 방법은 없다. 행복도 불행도 괴로움도 즐거움도 배워야 가능해진다.

석가모니 부처님은 한 나라의 왕자셨지만 그것으로 인간은 행복해 질 수 없고 온갖 삶의 괴로움을 벗어날 수 없음을 아시고 조용히 왕궁을 떠나 깊은 밀림 속의 수행자가 되기 위해서 삶의 발길을 바꾸셨다.

눈에 보이는 세상의 모습들에 큰 의미부여를 할 수 없는 지경에 이르신 것이다. 더 이상 세상 속 가치들에 휘둘림을 당할 이유가 사라진 것이다.

그렇다고 세상 사람들의 삶에 대하여 관심을 끊고 무관심해진 것은 아니다. 변하지 않는 영원하고 진실한 이치를 찾아 공부하면 할수록 수많은 사람들의 삶의 괴로움을 해소해 줘야겠다는 열망은 커져만 갔던 것이다.

우리는 누구나 세상 속에 머물 시간은 한정되어 있지만 욕망이 식을 줄 모르고 활활 타오르는 불길처럼 자신을 뒤덮어도 만족할 줄 모른다.

죽음을 맞이하는 순간에 이르러서야 비로소 허망한 삶의 방식에 매몰되어 살아온 자신을 한탄하며 후회스런 눈물만 말없이 흘리며 세상을 떠나게 된다.

괴로움에서 벗어나 괴롭지 않은 삶을 살기 위해서는 자신의 기대치나 목표를 최대한 낮추고 작은 것으로도 만족하고 낮은 곳에서 당당함을 잃지 않는 소욕지족少欲知足하는 마음가짐이 필요하다.

소유 욕구가 증대될수록 불만족과 불안 심리는 비례하여 따라오게 되어 있다. 그래서 가진 자는 외견상 모습은 기름기가 자르르 흐르지만 내면의 모습은 가난뱅이 마음이 되어 더욱더 자신의 외관을 가진 자답게 화려하게 꾸며야 만족하게 된다.

깨달음을 추구하는 수행자는 가진 만큼 괴로움도 따라온다는 이치를 알기에 세상사로 인하여 그다지 괴롭거나 즐거울 일을 만들지도 않는다.

그의 마음은 시작도 끝도 없는 광활한 우주로 향해 있고 삶과 죽음을 넘어서 영원을 향해 열려있기에 당장 눈앞에 보이는 것들에 마음이 끄달려 괴롭거나 즐거운 일에 연연하지 않는다.

마치 시소의 양 끝을 오가며 마음이 널뛰듯 하지 않고 중간 지점에 마음이 놓여서 자기 위치를 벗어나는 법이 없다.

그는 수많은 움직임을 보이지만 마음의 중심점을 벗어나지 않는다. 괴로움도 즐거움도 선택하지 않고 마음의 중심에서 머물러 있기에 이를 중도의 자리 곧 좌우를 벗어난 행복한 마음자리라고 하는 것이다.

부처님께서는 설사 거지처럼 얻어먹고 살아간다 해도 마음의 줏대를 바로 세우면 행복하게 살 수 있다는 것을 몸소 보여주셨다.

하루 한 끼 얻어 드시고 똥 닦은 천과 시신을 덮은 천이 불에 타다 남아 버려져 있으면 거둬다 깨끗이 씻어 몸에 걸치고 사용하시며 평생을 맨발로 생활하셨다.

일반인의 입장에서 보면 그렇게 열악한 생활 속에서 어떻게 행복할 수 있겠느냐 하겠지만 부처님께서는 아무것도 소유하지 않고서도 행복할 수 있다는 것을 몸소 보여주셨던 것이다.

그렇다면 우리는 부처님이 몸에 걸친 옷 한 벌과 밥을 얻어먹던 밥그릇 하나에 비교하여 보면 참으로 많은 것들을 가지고 살고 있으니 더욱 행복해해야 할 것이 아닌가?

마음의 행복이란 물질의 소유가 많고 적음에 있지 않고 스스로 만족할 줄 아는 마음에 있는 것이다.

　　　　　　　　　　　　　　　　　부처님의 빈손

🪨 명상문

보기 싫다고 눈 감고 듣기 싫다고 귀 막을수록 괴로움은 더욱더 심해지는 것이니 싫다고 도망치려거나 떨쳐내려고 하지 말고 자신 앞에 펼쳐진 상황을 있는 그대로 살피는 연습이 필요합니다.

고양이가 쥐를 주시하듯 싫다는 것에 마음을 두고 지켜보는 노력이 필요합니다. 그리하면 상황이 바뀌지는 않아도 주어진 상황을 처리하는 역량에 큰 변화가 생깁니다.

싸움도 힘이 비슷해야 가능하지 역량에 큰 차이가 나면 싸움은 지속되지 않고 싱겁게 끝나듯이 상황을 주시하는 내공이 강해질수록 자신을 힘들게 하는 상황을 여유 있게 다뤄낼 수가 있는 것입니다.

그런 점에서 부처님은 괴로워하는 마음을 처리해서 깨끗한 마음과 행복한 마음이 되게 하는 마음사용 기술의 고수인 것입니다.

괴로워하고 짜증스럽게 마음을 사용할수록 자신은 힘들게 되고 상대와의 관계는 틀어져 고통을 주고받게 됩니다.

움직이는 생각과 감정에 대하여 "꼼짝 마! 움직이면 쏜다!"라고 경고를 하며 주시의 힘을 사용하면서 잠시 침묵의 시간을 가져보세요. 그러면 깨끗하고 평화로운 진짜 자신의 본 마음 가운데 머물 수가 있습니다.

삶이란 끝없는 연습의 연속입니다. 마음을 사용하는 기술을 익혀나가다 보면 점차 고삐 풀린 망아지처럼 나대는 마음을 쉽게 다뤄내는 기술을 터득하게 될 것입니다.

한 자루 향이 되어

한 자루 향이 되어 재로 떨어질 때마다
마음엔 평화가 깃들고
연기되어 사라질 때마다
몸짓은 자유를 얻어가고
님에 대한 감사의 노래는 작아지지 않고 크게 메아리칩니다.
가슴 속에서 터진 눈물이 이룬 바다 위엔 연꽃이 피었습니다.
얼마나 비워내야 몸짓에선 향기가 날까? 계향이여!
얼마나 내려놔야 마음 씀씀이에선 향기가 날까? 정향이여!
얼마나 끊어내야 생각 생각이 향기가 날까? 혜향이여!
얼마나 비우고 내려놓고 끊어내야 머무는 곳곳마다 향기를
머물게 할까? 해탈향이여!
그리하여 만나는 님들 마다 괴로움에서 벗어난 해탈의 행
복을 알게 할까? 해탈지견향이여!

당신은 그냥 사람이다

신이 있다고 하자. 그래 신이 있다고 믿자. 그런데 그 신은 그냥 신이요, 인간은 그냥 인간일 뿐이라는 사실을 잊지 말자.

그 양자 사이에 교감은 될지언정 소통이 되는 것은 아니며 그냥 각자 자기 느낌을 갖고 자기 입장에서 자기 생각을 할 뿐이다.

돼지는 돼지 생각을 하고 살고

개미는 개미 생각을 하고 살고

참새는 참새 생각을 하고 살고

장미꽃은 장미꽃 생각을 하고 살고

길거리 돌멩이는 돌멩이 생각을 하고 살고 인간은 인간 생각을 하고 살고

신은 신의 생각을 하고 살고

부처는 부처의 생각을 하고 살아야지 돌이 인간처럼 생각

부처님의 빈손

을 하고 살고

꽃이 인간처럼 생각을 하고 살고

돼지가 인간이나 신처럼 생각을 하고 산다면 이 세상이 어찌 되겠는가?

그런 일은 당초부터 일어날 수 없게 만들어진 것이다.

만약 스님이 불법을 설법한다 하여 부처가 되고 목사님이 말씀을 설교한다 하여 신이 되는가? 어떤 사람이 미국을 다녀왔다고 그 사람이 미국이 되는 것은 아니다. 단지 그는 미국을 알게 된 것뿐이다.

저 세상을 경험하고 최상의 진리를 알았다고 그가 저 세상이 된 것이 아니다. 그냥 알게 된 것뿐이며 그는 여전히 인간일 뿐이다.

석가모니 부처님도 이 세상에 오시기 전에 도솔천에 잠시 머물다가 코끼리를 타고 어머니의 옆구리를 통해 들어오셨다가 이 세상에 한 인간으로 태어났다고 하신다.

신이 돼지가 되어 이 세상에 오셨다면 그는 신이 아닌 그냥 돼지일 뿐이다. 인간의 몸으로 왔다면 그냥 그는 한 사람의 인간일 뿐이다.

그래서 예수님은 '사람의 아들'을 강조하며 인자人子라고 하지 않았던가?

돼지는 돼지다워야 하고

새는 새다워야 하고

돌은 돌다워야 한다.

그러기에 사람은 먼저 사람다움을 배워야 하고 사람다움의 가치를 최상최고로 드높일 줄 아는 사람이 되어야 한다. 이것이 바로 예수님이 자기를 소개할 때 하시던 '인자人子'라는 뜻이 갖는 의미이다.

신을 이야기한다고 해서 자기가 신이 되는 것은 아니다. 그런데 주변을 보면 마치 자기가 알고 지내는 유력한 사람들을 알고 지낸다고 해서 자기가 유력한 그 사람이라도 되는 것처럼 목에 힘주고 큰소리치는 사람들이 있다.

스님이나 목사 중에서도 어느새 자신이 신이고 부처라는 허상이나 생각 속에 붙들려 있는 경우가 많다.

자연 상태에서 살아야 할 짐승들을 잡아다 머리를 깎아주고 목욕을 시키며 사람 옷에 신발까지 신겨 주며 데리고 사는 사람들의 심리상태도 따지고 보면 자기 원하는 대로 자기 생각대로 상대를 조종하고 통제하겠다는 이기적이고 폭력적인 발상인 것이다.

설사 함께해야 할 불가피한 사정이 있다면 짐승은 사람이 아니라는 사실을 인정하며 짐승다운 삶을 최대한 허용해 줘야 한다.

부처님의 빈손

　짐승을 사람처럼 가꿔주며 대하는 것은 사람을 짐승처럼 대하는 폭력적인 행위와 다를 것이 없다. 제발 사람으로 태어났다면 사람답게 살도록 노력 좀 하며 살도록 하자. 당신은 신도 짐승도 꽃도 돌멩이도 아닌 그냥 사람이라는 주제 파악 좀 하고 살자.

　그렇다고 차별을 두라는 것이 아니다. 있는 그대로 사실 그대로 바라볼 줄 아는 태도가 필요하다는 것이다.

🪨 명상문

　이 세상에서 가장 귀한 것은 돈으로 환산할 수가 없습니다. 그래서 가장 값어치가 나가는 것은 대가 없이 그냥 주고받기

당신은 그냥 사람이다

에 공짜라고 합니다.

　누구나 부모님의 피와 살과 **뼈**로 만들어지고 열 달 동안 애지중지 보호 속에 키워서 탄생시킨 그 부모님의 은혜를 돈으로 환산할 수가 없으니 그냥 공짜라 하는 것입니다.

　우린 누구나 공짜로 부모님의 몸을 빌려서 태어난 공짜인생입니다. 그러므로 그에 대한 보답도 나의 소중한 모든 것을 공짜로 드려도 아깝지 않을 만큼 그 은혜가 한량없습니다.

　한순간도 마시지 않으면 숨이 막혀 죽는 공기도 공짜요, 농사짓는 논밭에 내리는 빗물도 공짜요, 어둔 세상을 밝히는 태양 빛과 밤길을 밝혀주는 달빛도 공짜요, 괴로움에서 벗어나서 영원히 행복하게 사는 방법을 전해주신 성인들의 가르침도 공짜인 것입니다.

　남녀 간에 연애하는데 돈을 주고받으면 매춘행위가 되지만 진정 사랑하는 연인 사이에는 주고받는 것 없이 공짜로 사랑하는 것입니다.

　영원한 행복과 생명을 깨닫게 해주신 큰 가르침에 감사의 마음을 담아 신불전神佛殿에 올리는 헌금도 공짜인 것입니다.

우리는 이 세상에 맨몸으로 왔다가 이 세상을 맨몸으로 떠나갑니다. 이 세상을 맨몸으로 왔다가 맨몸으로 떠나가는 의미를 아는 것이 가장 큰 공부라고 할 것입니다.

이 세상에 태어나서 처음 한 일은 숨을 들이마시고 내 쉬는 것이었습니다. 그리고 입으로 젖꼭지를 물고 빨아드려야 살아갈 수 있다는 사실을 무의식중에 익히는 것이었습니다.

나는 부모님으로부터 시작되었지만 점차 자라면서 수많은 사람들이 만들어 놓은 것들을 이용하면서 빚으로 꾸며진 인생을 살아 나왔다는 사실을 알아야 합니다.

내가 끌어모은 이 몸은 내 몸이 아니라 세상의 것들입니다. 내가 끌어모은 정신은 내 정신이 아니라 세상의 것들입니다. 나라고 내 것이라고 소유권을 주장할 것이 하나도 없습니다.

천지자연의 은혜, 부모의 은혜, 스승의 은혜, 나라의 은혜, 기업의 은혜, 소상공인의 은혜 그리고 이른 새벽에 길거리 쓰레기를 수거해 가는 미화원의 은혜 등 수 많은 은인들이 주변에 가득하다는 사실에 감사하고 또 감사할 일입니다.

수많은 분들의 은혜를 입으며 매일매일 공짜로 세상을 살아갑니다. 상대의 수고로움에 대하여 계산하고 돈을 지불했다고 해서 주고받은 것이 끝났다고 여기면 안 됩니다.

지불한 돈도 결국 밖에서 끌어모은 것입니다. 처음부터 내 것이라고 할 것은 먼지 하나까지도 없습니다. 항상 감사한 마음으로 살아가면서 이익을 나누는 생활이 되어야 합니다.

부처님의 빈손

연꽃

하늘을 향해 마음을 열고
공손히 두 손 모아
꼿꼿이 서 있는 모습은
천 년을 산다는 학의 자태도
빛을 잃게 하고
진흙에 발을 담고
서 있지만
더럽혀지지 않고
맑은 뜻 펼치어
세상을 온 가슴으로 품었네.
당신을
바라보는 마음만으로도
항상 미소를 지을 수 있고
행복을 알게 하시니
감사와 찬미가
내 입가에서 떠나지 않네.

업장소멸

업業이란 습관이며 장障이란 장애물이 되는 것으로 괴로움을 일으키는 근본원인이 된다.

많은 불자들이 기도를 하는 이유에 대하여 업장소멸을 목적에 두고 한다고 한다.

선인선과善因善果요, 악인악과惡因惡果로 자신이 행동한 대로 그 결과에 대하여 책임을 지게 되어 있는 것이 자연의 원리이며 업의 일어나고 사라짐의 이치이기도 하다.

주변에 보면 담배를 끊고자 하는 사람

음식을 보면 자제력을 잃고 폭식을 하는 사람 마치 술을 물마시듯 취할 때까지 입안으로 들어붓는 사람

사소한 것에도 화를 참지 못하고 독설을 퍼붓는 사람

색을 탐하여 방탕한 생활을 하는 사람 등 잘못 형성된 습관으로 인하여 괴로워하면서도 다스리지 못하여 주변 사람까지도 고통스럽게 하는 사람들이 있다.

부처님의 빈손

일단 업장을 소멸시키려면 견물생심見物生心이라고 장애를 일으키는 것으로부터 멀어질 필요가 있다. 그러므로 업장이 일어날 때는 고개를 좌우로 돌리거나 길게 숨을 들이마시고 입으로 후~하며 내쉬거나 있는 자리를 벗어나 걷는 것도 도움이 된다.

그러나 근본적으로 업장을 해소하려면 업장이 일어나는 과정을 관찰하여 마음으로부터 업장을 끊어 내는 것이 필요하다. 단지 업장이 일어나서 움직이는 것을 관찰하는 것만으로도 업장은 소멸의 길을 밟게 되어 있다.

수행의 초보자는 관찰의 힘이 약하여 업장이 일어나서 움직이는 것을 추적하다 놓치기 쉽지만 꾸준히 관찰하는 노력을 지속하다 보면 내공의 힘이 쌓여서 업장이 일어나는 순간에 단칼에 업장을 끊어내게 된다.

한 생각이 일어나는 그 순간을 알아차리게 되면 생각이 사라지기 시작한다. 알아차리는 것이 모든 것을 알고 모든 것을 가능하게 하는 신이요 부처인 것이다.

초보자는 자신의 마음에서 일어나고 사라지는 과정을 지켜보는 것이 불편하고 견디기 어려운 괴로움일 수도 있다. 그래서 평소에 깨어있는 마음의 상태를 위한 훈련인 명상수련을 통해서 관찰의 힘을 기르는 것이 필요하다.

부처님의 빈손

수행을 통해서 형성된 내공의 힘은 언제든지 자신을 괴롭히는 업장의 움직임을 끊어내서 텅 빔의 여유와 자유로운 마음으로 살아있게 한다.

그래서 잘못 형성된 습관을 교정하거나 고질적인 악습의 소멸이 가능하게 되는 것이며 만들어진 운명 또한 맘에 들지 않으면 자신이 원하는 대로 운명을 바꿔나갈 수 있는 것이다.

🪨 명상문

생각의 움직임이 많아지면 뇌를 사용할 수 있는 여력이 떨어지게 되어 의식의 힘이 약해집니다.

몸의 움직임을 천천히 하면서 그 움직임과 마음이 함께하게 되면 인식하는 능력이 최단시간에 극대화되고 강력한 에너지를 순간적으로 사용하여 깊은 통찰이 가능하게 됩니다.

이것은 정신 에너지와 신체 에너지를 가장 효율적으로 사용하는 방법이며 마음을 평화롭고 상쾌하게 관리하는 방법이기도 합니다.

종종 몸을 천천히 움직이면서 마음과 함께하는 연습을 해

보세요. 잡다한 생각이나 마음을 힘들게 하는 스트레스로부터 벗어나 평정한 마음을 유지하는 데 도움이 됩니다.

몸의 움직임을 아주 천천히 움직이며 함께해 보세요. 내 몸과 동행하다 보면 내 몸을 사랑하는 법을 스스로 익히게 됩니다.

세상에 성인의 말씀과 철인들의 가르침이 차고 넘치고 있지만 여전히 세상은 정의롭지 못하고 불공정하고 편법과 불법이 난무하면서 혼란한 모습을 보이고 있는 것도 알고 보면 자신을 사랑하는 법을 배운 적이 없기 때문입니다.

새끼손가락 하나가 다쳐서 치료해주느라 시간을 쓰고 치료비도 들어가며 챙겨줬다고 해서 새끼손가락이 불쌍하여 치료해주고 돈도 쓰고 했다고 자랑하지 않습니다. 손가락에게 복 짓고 착한 일 했다고 기억해 두지 않습니다. 손가락이 수고했던 것을 몰라준다고 원망하지도 않습니다.

손가락을 다치면 "아이고, 나 죽겠네!" 하면서 약 찾고 병원 찾고 난리를 피우게 됩니다. 손가락을 다쳤으니 안절부절못하면서 치료하는 데 신경을 쓰게 됩니다. 이걸 복을 지었느니

부처님의 빈손

착한 일 했느니 하는 생각을 않는 것은 내 손가락이기 때문입니다.

예수님은 "네. 이웃을 내 몸같이 사랑하라"고 말씀하셨습니다. 금강경에서 부처님께서는 "마땅히 머무는 바 없이 마음을 일으켜야 한다."고 말씀하십니다.

마땅히 나와 너로, 내 것과 네 것으로 구분 짓지 말고 나의 일을 내가 한 것으로 여기라고 하신 것입니다. 이것이 상相을 내지 않는 행동이요, 무위無爲요, 사랑하는 마음의 실상입니다.

그래서 공짜란 내가 나에게 필요한 바를 제공하는 행위와 같은 것입니다. 내가 나에게 제공한 것을 복 짓고 착한 일 했다고 하지 않습니다.

진정으로 복을 짓고 베푸는 행위는 나와 너로 구분 짓고 거래하는 행위인 상相을 짓지 않고 마음속에 흔적을 남기지 않는 것은 마음이 너와 나로 나눠지지 않고 하나의 마음속에서 일어나기 때문입니다.

마치 팽이가 천번 만번 돌아도 중심점을 한 번도 이탈하지 않고 지키는 것처럼 행위는 있어도 존재가 없으니 마음 가운데에 상相이 만들어지지 않습니다.

점이란 두 점 이상이 되어야 선이 되고 선이 겹쳐져야 면이 되어 모양인 상이 만들어지는 것처럼 마음이 여러 점으로 나눠지지 않고 한 주제에 머물러 있으면 번뇌나 망상이 아닌 지혜가 되어 밝음을 만들어 줍니다.

부처님의 빈손

여백의 미학

허공은 텅 비어 있어 구름이 비가 되어 흘러내리게 하고 강도 비어있어 물을 흐르게 하여 바다에 이르게 하고 바다 또한 비어있어 강물을 받아드릴 수가 있듯이 사람의 마음도 비어있는 여유 공간에 비례하여 세상을 이해하고 공감하고 수용하여 함께 어울리며 살아간다.

그러므로 세상에 나가 큰일을 성취하려면 먼저 세상을 품어 들일 수 있는 열린 마음, 빈 마음이 되어 여유 공간을 확보해야 한다.

불교의 무소유란 염세적이고 비세속적인 것이 아니라 텅 빈 마음속에 맑고 밝음 기운을 담아서 세상을 상대하고 행동하라는 적극적인 현실참여를 촉구하는 가르침인 것이다.

가득 찬 그릇에 물을 부으면 넘치듯이 마음의 여유 공간이 없이 자기 생각으로 꽉 찬 사람은 상대를 이해하고 세상과 함께 살아가기 어려운 이기적이고 배타적이며 폭력성을 지닌

사람이 된다.

그러므로 무소유, 텅 빔의 공空, 빈 마음, 내려놓은 마음 등의 마음가짐은 열린 마음으로 세상을 바라보고 깨어있는 의식으로 세상 흐름을 살펴보고 세상의 변화에 참여하여 기여할 수 있는 행동을 촉구하고 있는 가르침인 것이다.

항상 마음을 비어 있게 관리하는 사람은 이른 아침 공원의 맑은 공기를 마시는 사람처럼 가슴 속을 시원하게 뚫어주고 공원의 빈 의자처럼 누구나 산책하다 잠시 쉬었다 갈 수 있는 어머니의 무릎팍 같은 포근한 존재인 것이다.

🪨 명상문

부모님을 생각하며 두 손을 모으며 이 세상에 태어나서 숨쉬며 살아갈 수 있게 해주신 것에 대하여 한없는 감사의 마음을 보냅니다.

부모님에 대한 감사의 마음에서 무한한 자존감 곧 자기를 존중하는 마음, 자기를 소중히 여기는 마음이 일어납니다. 부모님에 대한 감사함을 모르고 받지 못한 것만 생각하여 원망하는 마음을 갖는다면 자기를 존중하는 마음을 갖지 못하고 자기를 비참하게 만들게 됩니다.

  자기의 부족함에 대한 책임을 부모에게 묻게 된다면 그것은 자기를 부정하는 자기 파괴의 삶으로 진행되게 됩니다.

  자기를 태어나게 한 근원인 부모님을 감사히 여기지 못하고 불평불만을 갖는다면 그는 자기 인생의 출발지점에서부터 어긋나 있기에 세상과 어울리며 원만한 관계를 만들어 갈 힘이 없습니다.

  두 손을 모읍니다. 저를 이 세상에 태어나도록 인연의 다리가 되어 주신 부모님께 무한한 감사의 마음을 전합니다. 험난한 인생길, 어려운 형편에서 살아 나오시느라 힘이 드셨을 것이면서도 챙겨주신 그 은혜 잊지 않겠습니다.

  철부지 시절에 잠시라도 저의 부족함을 부모님 탓으로 여기며 원망했던 마음들을 이 시간 진실로 참회합니다.
  내가 이 세상에 태어난 날
  어머님은 내게 육신의 가사 한 벌을 걸쳐 주셨습니다.
  태중에서 날 품으시고
  피와 살을 끌어모아 정성스럽게 만들어주신 선물이었습니다.

부처님의 빈손

난 그 육신의 가사를 걸치고 이 세상에 나와 "응애~응애"
하며 첫울음을 터뜨렸습니다.

그 울음의 의미를 철이 들어 알게 되었던 어느 날 난 목 놓
아 울었습니다.

갓난아기 때의 첫울음은 어머님 혼자 들으셨는데 지금의
나는 혼자서 울게 됩니다.

아무리 울어도 어머님은 보이지 않고 아무런 대답도 없습
니다.

"응애~응애"

떳떳하게 살아보자

살다 보면 상대를 미워하고 원망하고 저주하기도 할 때가 있다. 그러나 설사 원인이 상대에게 있었다 해도 상대를 향한 부정한 마음의 피해는 제일 먼저 자신부터 받게 되는 것이다. 마치 사자가 먹잇감의 목을 숨통이 끊어질 때까지 물고 늘어지며 고통을 주는 동안에 먹잇감을 죽이려는 살생의 의도는 부정한 기운이 되어 자신의 오장육부에 뿌리를 내리게 되고 정신마저 혼란스럽게 만들고 만다.

그래서 상대를 해코지하고 미워함으로 인하여 자신이 겪는 피해에서 벗어나기 위해서라도 상대를 향한 부정한 마음을 거둬들이고 용서를 해야 한다.

그러나 감정이 우선하는 부정의 마음은 쉽게 컨트롤하기가 어려운 것이다. 그래서 먼저 자신의 마음속으로 관심을 돌려 마음 안에 똬리를 틀고 앉아 있는 부정한 마음을 끊어 내어 깨끗한 마음을 회복시켜야 한다.

부처님의 빈손

다음과 같이 맘속으로 생각하도록 해보자.

"그동안 그를 미워하느라 내가 힘들었다."
"참으로 많이 힘들었다."
"그동안 내 마음속을 더럽히며 날 괴롭힌 내 마음에게 너무 미안하다. 정말 미안하다. 이젠 날 힘들게 했던 부정한 마음을 내려놓아야겠다. 내가 미워하는 그보다 내가 더 소중하니깐"

이렇게 생각하면 그동안 누군가를 미워하느라 자기 맘속이 더럽혀진 것이 깨끗해지면서 상처 입은 감정 때문에 우울하고 괴로운 마음에서 벗어나 희망의 탈출을 가능하게 만들어준다.

🪨 명상문

부처님께서는 괴로움에서 벗어나기 위해서 고행을 하지 말라고 말씀하셨습니다. 마음의 행복을 위해서 몸을 극단적으로 괴롭히는 것은 영원히 벗어날 수 없으며 몸을 상대로 하는 싸움은 백전백패白戰百敗하는 어리석은 시도인 것입니다.

몸과 마음과 의식의 움직임에 관심을 갖고 함께 동행을 하는 것이 중도적인 수행의 방법입니다. 그러므로 관심을 끊는 것이 아니라 도리어 관심을 갖고 보살피는 마음이 필요한 것입니다.

보이는 모습을 고개를 돌려 안 보는 것이 아니라 관심을 갖고 살피는 노력이 필요합니다. 들리는 소리에 귀를 막고 안 들으려 말고 들리는 소리를 관심 있게 살피는 노력이 필요합니다. 느끼는 감촉을 거부하고 몸을 돌릴 것이 아니라 느껴오는 감촉에 관심을 갖고 살피는 노력이 필요합니다.

관심을 갖고 살피는 것이 정성이요, 그 정성심이 깊어지면 행동은 단정해지고 감정은 안정되고 의식은 총명해지게 됩니다.

만물은 지구라는 땅에서 태어나서 땅에 둥지를 틀고 살다가 땅 위에서 죽어가는 것이며 인간의 몸도 감정도 정신도 땅의 산물입니다.

땅이 태양의 빛을 받아서 만물을 빛 가운데로 드러내게 되고 일단 드러난 것은 다시 땅 가운데로 돌아가게 됩니다. 육경(색·성·향·미·촉·법)이 육근(안·이·비·설·신·의)을 통하여 육식(안식·이식·비식·설식·신식·의식)의 잔영을 남기게 되고 이것은

부처님의 빈손

다시 외부의 자극이 주어지면 육경의 무대로 나타나 구체적
인 움직임을 보이게 됩니다.

　육경은 색(정보)이요 육근은 센서이며 육식은 잔영(기억)이
되어 있다가 다시 육경인 색이 작용하면 이미 잔영으로 남아
있는 기억이 튀어 올라 새로운 색을 맞이하며 사고하고 행동
하게 됩니다.

　모든 현상은 인연에 따라 반응하며 자창자조自創自造하는 자
연적인 산물이며 생명현상을 이해하고 알아차리는 자각自覺은

관심 어린 보살핌 속에서 일어나는 의식의 자기 각성인 것입니다.

지장보살님은 원을 세우시기를 지옥에 단 한 사람이라도 남아 괴로워하는 사람이 있다면 자신의 행복한 삶을 뒤로 미루겠다고 하셨습니다. 이것은 마음을 살펴서 괴로움에서 벗어나고자 하는 사람이 가져야 할 정신이며 마음을 수행하는 방식이기도 합니다.

그러므로 식사할 때는 음식과 함께하고 차를 마실 때는 차와 함께하고 꽃을 바라볼 때는 꽃과 함께하고 걸을 때는 걸음과 함께하고 화가 일어날 때는 화와 함께하고 우울할 때는 우울함과 함께하십시오.

괴로울 때는 괴로움과 함께하고 즐거울 때는 즐거움과 함께해 보세요. 이와 같이 이 순간 자신의 움직임에 마음을 모으는 삶의 방식이 나를 알아가는 길이며 일체의 괴로움에서 벗어날 수 있는 중도의 길입니다.

손자병법에 "지피지기知彼知己 백전백승百戰百勝"이라 하여 상대를 알고 나를 알면 백 번 싸워 백 번을 이긴다고 하였습니다.

그렇습니다. 나를 아는 마음공부가 주는 통쾌함과 유익함은 이 세상에서 맛볼 수 있는 최고의 행복이며 가치입니다. 나를 알아가는 마음공부는 어떤 상황 아래에서도 괴롭지 않고 외롭지 않고 우울하지 않고 행복하게 사는 방법을 알게 해 줍니다.

알고 보면 성인들의 가르침은 고통을 떠나게 하는 말씀이며 진실하게 사는 것이 세상을 승리하며 사는 길임을 알게 합니다.

한 해 한 해가 매달 매달이 매월 매월이 매일 매일이 순간순간이 자기의 한계를 벗어나서 새로운 자기로 향상해 나가는 발전도상의 생활이 마음공부자의 삶입니다.

그것은 자기의 상相을 벗어나는 것, 자기의 한계를 벗어나는 것, 자기의 틀을 벗어나는 것이므로 한없이 하심하며 겸손함이 몸에 배게 되며 하루하루 경험 자체를 공부로 여기며 자기의 상相을 뛰어넘는 향상일로向上一路의 지속입니다.

평화로운 나로 돌아감

바람에 휘날리는 먼지 하나 속에도 흘러가는 구름 한 점 속에도 떨어지는 빗방울 하나 속에도 너와 나의 움직임이 다 들어 있고 아득히 먼 과거나 다가올 미래의 시간도 현재 이 순간에 보이는 하나의 모습, 들리는 하나의 소리, 하나의 느낌 속에 다 들어 있는 것이다.

수많은 생각 생각들이 내 의식 가운데 또 다른 나가 되어 움직이고 기쁘고 괴롭고 화나고 우울하고 즐거운 감정 하나 하나들이 내 마음속에서 천백억으로 분화하며 거대한 흐름을 형성하고 흘러간다.

보이고 들리고 생각되어지는 속에 있는 모든 마음들이 또 다른 나가 되어 살아 움직이는 생물인 것이니 의식 가운데 생각되어지고 마음 가운데 일어났다 사라지는 감정들을 가벼이 여기지 말고 귀한 손님을 맞이하듯 친절하게 대하며 지나가도록 디딤돌 되어 머물러 있어야 한다.

부처님의 빈손

괴로운 감정이 일어나면 귀한 손님이 날 찾아와서 괴로움을 하소연하는 것으로 여길 것이며 우울한 감정이 일어나면 귀한 손님이 날 찾아와서 우울함을 하소연하는 것으로 여길 것이며 화가 나면 귀한 손님이 날 찾아와서 화난 감정을 하소연하는 것으로 여겨야 한다.

"힘들었겠구나, 많이 괴로웠겠구나, 참으로 애를 많이 썼겠구나"하고 공감할 줄을 알아야 한다.

내가 만들어 온 '또 다른 나'들이 괴로워하는 것으로 알아야 한다. 공감은 플러스한 일을 증대시키고 마이너스한 일은 감소시킨다.

생이란 괴로움의 시작이요 죽음이란 괴로움의 소멸이다. 모든 성인들은 삶을 괴로움이라 보았으며 그 괴로움의 소멸을 위한 구원과 해탈의 길을 제시하셨던 것이다.

나와 너는 수많은 시간 동안 나라고 하는 '자기'를 만들어 나왔으며 그 자기가 거주할 집, 입을 옷이나 걸칠 액세서리, 사랑하는 가족들, 폼 나는 자동차, 잘 생기거나 건장한 애인, 돈이 되는 건물이나 땅, 진귀한 보석, 자신이 부리는 사람들 등등으로 자기 삶을 치장하며 살고 있다.

그러나 이 모든 것들은 자기가 만들어낸 에고의 치장거리에 불과하다. 인간이 겪는 모든 괴로움과 즐거움은 자기와는 전혀 상관이 없는 에고를 치장하는 것들에 의해서 희로애락이 일어나고 사라지는 것임을 알아 큰 의미를 부여 말고 살아야 한다.

그러나 현실은 자기와 동일시하는 집착된 것들로 인하여 희로애락의 감정노름에 휘말려서 상처 입고 괴로움을 떨치지 못하고 살게 되는 것이다.

그래서 상처 입은 감정을 치유하고 괴로움에서 벗어나기 위해서는 부정하며 피하지 말고 아픔과 괴로움을 이해하고 지켜보며 공감할 줄 알아야 한다.

그리고 위로의 과정을 통해서 사로잡힌 감정에서 벗어나서 감정과 내가 자유롭게 되는 과정으로 나아가야 한다.

죽은 자를 하늘나라로 보내는 천도의 의식도 죽음을 있는 그대로 받아들이고 슬픈 감정에서 벗어나기 위한 희망으로의 전환을 만들어내는 심리적 치유과정이며 인연에 집착하는 감정상태에서 해방되어 평화로운 마음을 회복하는 하나의 마음수행이다.

부처님의 빈손

🪨 명상문

나는 나 이외의 수많은 것에 의지하며 살고 있으며 그것은 또 다른 나입니다. 그래서 세상을 살면서 접촉되는 것들을 내 몸을 챙기듯이 사랑하며 살아가야 합니다.

이것이 부처님이 깨달으신 일체를 바라보는 관점이요 세상을 대하는 방식이며 괴로움을 없애고 행복한 마음으로 나아가는 길입니다.

지구라는 여행지에 잠시 머물면서 온갖 것을 구경도 하고 빌려 쓰는 숙박시설에 머물면서 여행길에 만난 또 다른 나 들과 좋은 추억을 만들며 지내다가 여행이 끝나면 가볍게 고향으로 돌아가는 여행자의 마음으로 살아야 합니다.

여행지에서 보고, 듣고, 숨 쉬고, 맛보고, 느끼고, 생각하면서 좋은 추억을 많이 마음속에 담도록 하세요. 그리고 그 모든 경험들은 내가 언젠가 만들어 놓은 또 다른 나들과 만남이었고 언젠가는 또다시 만나서 또 다른 추억을 쌓아갈 것이란 사실을 잊지 마세요.

평화로운 나로 돌아감

내려놓음

자연계가 존재하는 음양의 원리는 함께 동행하는 빛과 그림자와 같아서 즐거움엔 괴로움이 따르고 괴로움엔 즐거움이 따라오게 되어 있다. 오르막길엔 내리막길이 내리막길엔 오르막길이 이어져 있다.

그러므로 기쁨과 슬픔, 즐거움과 괴로움에 너무 집착하여 마음을 힘들게 할 필요가 없다.

내려놔라!

자기를 힘들게 우울하게 화나게 하는 감정들을 붙들고 있지 말고 내려놓고 비어내고 나면 마음에는 황금빛 평화가 찾아오고 온기가 돌아 즐거운 마음이 저절로 일어난다.

자신을 힘들게 하는 감정들을 붙들고 있으면 마음의 숨길이 꽉 막혀서 몸은 병이 들어가고 인간관계는 뒤틀리고 삶은 더욱더 힘들게 된다.

마음의 흐름이 막히면 흉한 일이 쌓여 가고 소통하면 행운의 기운이 몰려오게 되니 내려놓음이란 몸과 마음의 치유와 막힌 운을 활짝 열어가는 열쇠인 것이다.

그러므로 기도 중에 참 기도는 내려놓고 비워내고 끊어내는 것이다. 뭔가 이뤄지게 해 달라고 간구하는 것이 아니라 현재 자신을 힘들고 괴롭고 우울하게 하는 부분만 내려놓으면 꽉 막힌 운기가 소통하여 바람은 스스로 이뤄지게 된다.

🧘 명상문

세상 죄를 짊어지고 해골산으로 올라가는 어린양을 보라는 성경 말씀과 80세 노구老軀를 이끌고 법을 전하러 먼 길을 떠나시던 부처님의 모습이 떠오릅니다.

과연 누구를 위해서 짊어진 십자가이며 누구를 위해서 맨발로 걸으며 법을 전하러 다녔을까를 생각해 봅니다.

정말 그분들의 말씀을 믿고 이해하고 실행하면 삶의 괴로움에서 벗어나서 안심 속에서 행복하게 살아갈 수 있을까요? 대답은 "그렇다!!"입니다.

그러기에 자신에게 허락된 지구에서의 시간을 모두 이웃을 위해서 살 수 있었습니다. 말씀을 믿음으로 받아들이고 이해

부처님의 빈손

하고 실행해서 일체의 고통에서 벗어난 행복한 나들이 되어 봅시다.

　개인적으론 일체의 괴로움에서 벗어나셨지만 아직도 괴로움 속에서 살고 있는 이웃의 업보를 대신 짊어지며 그들의 삶의 고통을 없애주려고 평생을 몸 바쳐 헌신하신 위대한 스승들께 두 손 모으며 감사의 마음을 전해 봅니다.

　"행복한 마음을 공짜로 주며 살아가겠습니다."
　"제일 가까이 있는 사람부터 시작하여 먼 사람 순서로 공짜로 이해해주고 공짜로 공감해주고 공짜로 포용해주며 살아가겠습니다."

　나와 인연이 되는 사람들은 나의 마음이 행복해지도록 마음을 공짜로 사용하는 법을 알게 하는 스승들이십니다.

내려놓음

괴로움에서 벗어나게 하는 주문

"부처님! 저는 그동안 또 다른 나 들로 인하여 힘들었던 부분이 많았습니다. 나는 한다고 했으나 결과는 기대에서 벗어난 경우가 많았습니다. 그럴 때마다 너무나 괴로웠습니다. 그러나 괴로워하며 시간을 보내기에는 내 자신은 너무나 소중합니다."

"이제부턴 저는 자신을 크게 사랑하겠습니다."
"이젠 날 힘들게 했던 감정들을 주저 없이 내려놓겠습니다."
"그리고 또 다른 나들이 행복하도록 기원하겠습니다."

괴로움을 떨쳐내고 어둠을 떨쳐내고 가난을
떨쳐내고 병고를 떨쳐내고 상처를 떨쳐내고 분노를 떨쳐내고 맑고 밝은 평화로운 마음 상태로 돌아갈 수 있는 주문이
바로

부처님의 빈손

"아제 아제 바라 아제 바라 승아제 모지 사바하"이다.

이 주문이 제시하는 바에 따라 수행을 함으로써 지금까지 깨달은 수많은 부처님들께서도 "위없이 바르고 원만한 큰 깨달음을 이루었다."고 하신다.

크게 신비롭고, 가장 밝고, 위없이 드높고, 비교할 수 없는, 보편적이고, 온갖 괴로움을 없애주고, 진실하고, 허망하지 않는다고 말하고 있다.

"내려놔라, 내려놔라, 또 내려놔라, 내려놨다는 마음마저 내려놔라, 바로 그 자리!"

흐르는 물을 가두면 물은 썩어 죽고 흐르는 공기를 가두면 공기는 썩어 죽고 흐르는 마음을 가두면 마음은 썩어 죽는다.

탐하고 시기 질투하고 화내는 마음을 붙들어 놓으면 그 부정한 마음은 신선한 나의 마음을 늙고 병들어 죽게 하는 것이다.

내게 붙들려 내 가슴 속에 묶여 있는 그 마음들을 훨~훨~ 날려 보내야 한다. 넓은 하늘로 훨~훨~ 날려서 방생하여야 한다.

나를 힘들게 하는 모든 생각이나 감정을 내려놔라. 화난 일도 슬픈 일도 다 내려놓아 보아라. 묵은 때를 씻어낸 듯이 몸과 맘이 즉시 개운해질 것이다.

날 힘들게 하는 생각이나 감정을 마음 가운데 붙들고 괴로워 말고 마음 가운데 가두어 힘들어 말고 그냥 놔버려서 구름처럼 흘러가게 하라, 그냥 바람처럼 지나가게 하라.

더 이상 부정적인 감정을 붙들고 상처가 덧나게 말고 괴로움을 키우지도 말고 그냥 놔버려라. 불쌍한 마음으로 내 마음속의 감정들을 하늘로 훨~훨~ 방생하여라.

그럼 즉시 편안해지고 상쾌해지면서 막혀있던 인생길마저 저절로 열리면서 희망의 길이 보이기 시작할 것이다.

내려놓으면 그 빈자리가 새로운 희망의 빛으로 채워진다. 자연의 원리인 음양의 정신은 빈자리는 새로운 것으로 채워지고 채워지면 반드시 비워지게 되어 있다.

그러므로 비움의 삶, 내려놓는 삶은 끝없이 샘솟아 넘치는 샘물처럼 새로운 기운을 당겨와 삶을 풍요롭게 만들어주는 비결이기도 하다.

어리석음을 비워버리면 그 빈자리에 지혜가 넘쳐나고 좋고 싫은 감정을 놔버리면 그 빈 마음에 자비심이 넘쳐나고 내 것을 고집하지 않으면 그 비워진 마음에 일체중생을 살리겠다는 큰 꿈이 일어나는 것이다.

업을 풀어내고 막힌 운을 뚫어내고 새로운 운명을 창조해
내는 길이 바로 내려놓고 비우고 끊어내는 마음사용법에 있
으며 이것은 항상 마음을 깨어있게 유지해 준다.

"내려놔라, 내려놔라, 또 내려놔라, 내려놨다는 생각마저
내려놔라, 바로 그 자리!!"

시냇물은 흘러 자기보다 사이즈가 큰 강에 안기나 강은 더
욱 큰 바다가 있기에 시냇물을 안고 바다로 흘러들어 안기듯
이 마음이란 좁게 쓰면 바늘 하나 꽂을 자리가 없지만 넓게
쓰면 우주도 삼킬 수 있을 정도로 그 사이즈를 측량할 수가
없는 것이다.

비우고 흐르고 비우고 흐르고 거듭하다 보면 이 세상에 이
해하지 못할 것이 없으며 함께 하지 못할 것이 없으니 이는
내가 그 어디에도 나를 내세우지 않고 보다 큰 자기를 향해
나아가기 때문이다.

♨ 명상문

물건이라도 쓰다가 버리려 하면 싫어합니다. 좀 낡아도 수리해가며 자기를 사용(사랑)해 주는 것을 기뻐합니다. 보물을 어루만지듯이 연인의 손을 꽉 잡아 주듯이 사용하는 물건 하나하나도 애지중지 다루어 나가야 합니다.

어느 스님은 평생을 누더기 한 벌에 방석 하나를 재산으로 여기며 지낸다고 하십니다. 부처님께서는 시신을 덮은 천을 수거하여 몸에 걸치고 나무 밑이나 동굴에서 주무시면서 한 끼의 식사는 얻어 드셨다고 하십니다.

조금만 색깔이 바래거나 긁혀도 금방 싫증 내고 헌신짝처럼 버리고 새것으로 바꿔버리는 우리의 생활방식은 사람을 대할 때도 그렇게 나타날 것이 분명합니다.

어머니가 열 달 동안 몸 안에서 만들어주신 육신이라는 옷을 걸치고 세상에 태어나서 다시 그 위에 세상의 옷들을 입었다 벗었다를 반복하다 멀쩡한 옷들을 버리듯 우리네 몸을 함부로 혹사하며 망가트리는 무리한 생활을 자제해야 합니다.

내 몸을 사랑하듯 부모님께 효도하고 세상을 사랑하며 살

부처님의 빈손

아가야 합니다. 이 몸은 내 몸이 아니라 부모님께 빌려온 몸이며 세상에서 그 원료를 끌어다가 만든 것이니 세상을 위해 봉사하며 살아가야 합니다.

"매사에 감사의 은혜를 잊지 않고 살겠습니다.", "감사는 감사의 기운을 당겨와서 나를 에워싸게 하고 더 큰 감사를 내게 돌리며 기쁨을 만들어 낸다는 것을 잊지 않겠습니다.", "매일매일 감사의 노래를 부르며 나의 주변을 챙기며 살겠습니다."

내게 있어 살아 있음이란

내게 있어 살아 있음이란 부모님이 선물한 물방울 두 개가 마술처럼 지금의 나의 모양을 만들어 냈다는 것.

내게 있어 살아 있음이란 한 송이 꽃이 되어 피어 있다가 시드는 것.

내게 있어 살아 있음이란 어두운 밤하늘에 별이 되어 빛나는 것.

내게 있어 살아 있음이란 하늘에 먹구름이 비가 되어 내려 땅엔 풀벌레 소리가 들리고 푸른 하늘이 드러나는 것.

내게 있어 살아 있음이란 바닷가 모래밭에 파도가 밀려왔다 밀려가며 내는 소리에 갈매기가 춤추는 것.

부처님의 빈손

내게 있어 살아 있음이란 작은 콧구멍으로 우주를 빨아드
렸다 내뱉고 산다는 것.

내게 있어 살아 있음이란 내게 다가왔다가 멀어져 가는 인
연을 바라보며 웃음의 축복을 보내는 것.

내게 있어 살아 있음이란 바람이 이리저리 불다 잠시 산모
퉁이에 머물다 흩어지는 것.

내게 있어 살아 있음이란 화려한 봄꽃으로 피어나서 짙은
단풍으로 변하다가 마침내 낙엽 되어 거리에 휘날리다 썩어
서 대지로 돌아가는 것.

발우 하나

몸에 천 하나를 두르니
어느새 하늘나라가 내 품 안으로 들어온다.
한 끼의 먹거리를 얻고자 발우 들고 길거리에 나서니 어느 때나 다름없이 세상의 꿈들이 내 작은 발우에 차고 넘쳐 흐른다.

비로소 맨발의 수행자가 되어
대지 위를 걷고 있는 뜻이 무엇인지 알겠구나!

꿈같은 현실 속에 마음에 붙잡아둘 것이 무엇이 있겠으며 작은 먼지 하나라도 내 것이라 우길 이유가 전혀 없다.

항상 잊지 않고 생각하며 살아가야 할 점은 수많은 인연들의 협조로 내가 살아가고 있는 것에 대한 감사의 마음이다. 나는 너들에 의해 만들어졌으니 오직 너들을 위해서 사용되어져야 한다는 것이다.

생각해 보라! 과연 내 것이라고 주장할 만한 그 무엇이라도 있는지.

오늘 밤이라도 나는 한 줌의 재가 되어 자연의 품 안으로 돌아갈 수가 있기에 "밤새 안녕!"할 수 있는 존재임을 잊지 않아야 한다.

그래서 이 생의 마지막 날엔 빈 발우 속에 또렷하게 웃음꽃이 피어 넘쳐나길 소망해 본다.

내게 있어 살아 있음이란

돌고 돌아 나에게로

살아가다 보면 세상사는 돌고 돌아 원래 자리로 돌아온다는 사실을 알게 된다. 해는 떠서 돌다가 떴던 곳으로 돌아가고, 바람은 이리저리 불다가 흩어지는 것 같아도 불던 곳으로 돌아간다.

인생도 돌고 돌아 맨 처음 시작한 곳으로 돌아가기에 죽으면 돌아가셨다고 하는 것이다. 돈도, 권력, 명예, 지식, 사랑, 가족, 만나는 모든 것이 잠시 내게 머물다가 자기 자리로 돌아가는 것이니 본래 내 것이라는 것은 하나도 존재하지 않는다.

내 몸의 피, 신경, 호르몬, 음식물, 좋아하는 감정, 싫어하는 감정, 우울한 기분, 즐거운 기분도 돌아가니 심각하게 받아드릴 것이 하나도 없다.

그냥 잠시 인연이 되어 내게 머물러 있다가 돌아가는 것이다. 그래서 그 마지막에는 맨 처음의 자리로 돌아가는 것이다.

부처님의 빈손

사람은 살다가 발등에 불이 떨어지면 지푸라기 한 가닥이라도 잡고 위기에서 벗어나려고 안간힘을 쓴다.

발등의 불을 꺼달라고 신과 부처님에게 매달리지만 하늘도 무심하게 아무런 반응 없이 침묵이 앞을 가로막고 있는 듯 절망감을 느끼기도 한다.

그러나 공든 탑은 무너지지 않는다. 하늘에 기도하든, 산에 기도하든, 바다에 기도하든, 불상에 기도하든, 촛불이나 향불을 피우고 기도하든 또는 성인의 말씀을 옮겨 적든 사회적 선행을 실천하며 복을 짓든 반드시 공은 들인 대로 돌아온다.

자기 주변 사람이나 우연을 가장하여 귀인이 다가와서 공들인 효과가 나타나기도 한다. 반드시 나타난다. 반드시!

가진 게 없다고 마음 문을 굳게 닫고 인색하지 말고 작은 복이라도 지어야 한다. 시간이 없다고 마음 문을 굳게 닫고 핑계 대지 말고 짧은 시간이라도 기원하는 기도의 복을 지어라. 반드시 나타난다. 반드시!

고기를 잡으려면 고기밥을 던지고 기다려야 하고 멧돼지를 잡으려면 덫을 놓고 기다려야 하듯이 원하는 바를 성취하려면 마음 문을 열고 인심 나게 베풀어야 한다. 정녕 베풀 것이 없다면 좁쌀이라도 한 홉 구하여 새 모이라도 뿌려주는 것도 좋다.

부처님의 빈손

어떻든지 간에 마음 문을 활짝 열어서 내 안의 묵은 기운을 밖으로 품어내고 그 빈자리에 맑은 기운이 스스로 다가오도록 해야 한다. 뿌린 대로 돌아온다. 반드시 돌아온다!

🪨 명상문

산다는 것은 서로 맞추는 것입니다. 음과 양의 도리는 서로 다른 성질을 지니면서도 어울리며 살아가는 것을 말해 줍니다.

서로 필요로 하는 가치를 공유하며 서로 다른 부분은 이해하면서 지켜봐 주는 아량이 필요합니다.

그래서 음양은 대립하면서도 조화하며 원만함을 만들어나가는 것이니 여기서 중요한 포인트는 상대에게 맞춰서 이익을 주는 태도입니다.

상대에게 맞출 준비가 안 되어 있는 상태에서는 관계가 지속되지 못하고 멈춰 설 수밖에 없습니다.

자기와 맞추고 살 사람은 처음부터 지구상에 단 한 명도 존재하지 않습니다. 세상을 살아가려면 서로 좋은 점만 있는 것이 아니라 서로 다른 점도 함께 가지고 있다는 것을 이해하고 맞춰 나가도록 해야 합니다.

음과 양의 원리가 전해주는 정신은 서로에게 맞추며 살아 가라는 것입니다. 자기의 성질에 집착하고서는 성질이 다른 상대를 이해하고 함께 나아갈 수가 없습니다.

양을 비우면 그 빈자리에 음이 들어오게 되고 음을 비우면 그 빈자리에 양이 들어오게 됩니다. 이렇게 역지사지易地思之 하는 마음이라야 함께 해도 괴롭지 않고 외롭지 않고 편안하 고 행복한 것입니다.

허공은 텅 빔의 겸손함과 도량을 가지고 있기에 수많은 별 들이 품에 들어와 살고 바다는 텅 비어 모성을 지녔기에 크고 작은 수많은 고기들이 살 수 있는 터전이 되고 인간은 마음속 탐욕을 비워 낼수록 세상을 위해 봉사할 수 있는 큰 대원과 큰 자비심과 큰 지혜를 갖추게 됩니다.

부처님의 빈손

행복

사람들은 복을 받고 복을 누리고 살길 원하고 또 복을 나누며 사는 것을 최고의 미덕으로 삼고 지낸다.

복의 종류도 다양하지만 그 많은 복을 합하여 만 가지 복이 되며 만복을 얻길 위하여 노력하고 노력해도 부족하다 여기면 신불전(神佛殿)에 빌어서라도 복을 얻으려 하는 것이다. 그러나 복을 얻거나 복을 기원한다 해서 다 얻을 수 있는 것은 아니며 또 얻었다 해서 꼭 좋은 것이라 단정할 수 없는 것은 그 복이 재앙으로 연결되는 경우도 생기기 때문이다.

그런 점에서 진정한 복은 행복인 것이며 그것은 때와 상황에 상관없이 복됨이 이어지는 것이어야 하는 것이다. 행복은 비교를 허락하지 않는 절대적이며 안락하고 평온한 마음이라고 할 것이다.

수행은 행복한 마음, 지혜로운 마음을 지키는 법이며 그것은 괴로운 마음을 끊어내서 공짜로 얻어지는 행복한 마음이다.

참다운 행복은 그 누구도 대신 건네줄 수 없는 오직 자기만이 해결할 수 있는 것임으로 일단 행복한 마음이 되게 하는 방법을 알고 난 뒤에는 그 누구도 행복을 빼앗아갈 수 없는 것이다.

눕거나 앉거나 일어나거나 서 있거나 걷거나 뛰거나 말하거나 밥을 먹거나 보거나 듣거나 숨 쉬거나 느끼거나 생각하는 모든 순간순간에 정신을 모아서 집중하여 보자. 어느덧 행복의 길이 열리고 있음을 발견하게 될 것이다.

🪨 명상문

두 손을 가슴 앞에 공손히 모으니 행복한 기운이 모여 옴을 느낍니다. 모은 손을 풀어내리는 순간, 수고하고 무거운 삶의 짐을 짊어진 현실로 돌아옵니다.

삶이 고달파서 길거리 담벼락이나 전봇대에 기대고 싶어질 때, 두 손을 모으고 가슴에 대어 보세요. 자기 혼자가 아니란 걸 느끼게 됩니다. 자신이 무한한 사랑의 에너지 속에 들어와 있음을 느끼고 자기를 축복하는 생명의 기운이 함께 하고 있음을 느끼게 됩니다.

부처님의 빈손

"머리에서부터 발끝까지 빛나는 기운이 감돌며 지친 나의
육신에 생기가 일어나게 하고 메마른 마음엔 빛의 윤활유가
강물처럼 흘러 맘이 촉촉이 젖어 옴을 상상해 봅니다."

　욕망을 내려놓아 하늘이 되신 님이시며
　화를 내려놓아 바다가 되신 님이시며
　어리석음을 내려놓아 산이 되신 님이시여!

　님께 다가서면 끌어모으려는 욕망이 바람처럼 흩어지고 맺
힌 마음은 흔들려 풀어지고 널뛰는 생각이 멈추어 있는 그대
로 바라보게 합니다.
　난 오늘도 하늘을 쳐다보며 하늘님이 되어 봅니다.
　난 오늘도 바다를 쳐다보며 바다님이 되어 봅니다.
　난 오늘도 산을 밟고 걸어보며 산님이 되어 봅니다.

자비의 눈길엔 연꽃이 피어난다

🪷

 자연적인 부딪힘 가운데 미운 정과 고운 정이 싹트고 그것은 좋아하는 마음과 싫어하는 마음으로 나눠져서 당기고자 하는 탐욕을 부리고 밀치고자 하는 화를 폭발시키게 된다.

 이러한 상황의 흐름을 세세하게 살피면 "아하!" 하는 알아차림 속에 머리를 혼란스럽게 하고 마음을 힘들게 하는 괴로움이 사라지게 된다.

 알아차림이 뚜렷하게 이뤄지게 하기 위해서는 가능한 몸의 움직임을 최대한 천천히 진행함이 필요하고 그렇게 될 때 비로소 마음이 몸의 움직임에 밀착하게 되는 효과가 생기게 된다.

 동작의 순간순간을 세세하게 살필 수 있기에 전체 동작이 한순간도 끊어짐 없이 이어지고 있는 것을 알게 되고 동시에 마음도 한순간도 끊어짐이 없이 이어지게 된다.

 평상시 움직이는 동작은 하나하나가 딱딱 끊어지게 되어 있고 우리 의식이 그렇게 구분하고 있지만 사실은 인간은 태

부처님의 빈손

어나서 죽는 순간까지 잠시도 끊어짐 없이 하나의 긴 리듬으로 이어져 있는 한 편의 음악임을 알아야 한다.

행주좌와어묵동정行住坐臥語默動靜하는 인간의 움직임은 하나의 기다란 고무줄처럼 이어져 있는 것을 평상시에는 알아차리지 못하고 생각 생각이 끊어지고 동작 동작이 끊어졌다가 이어지고를 반복하며 이러한 단절된 인식이 삶과 죽음을 반복케 한다.

알아차림을 통해서 하나의 리듬으로 이어지고 단지 그 움직임의 고저장단만 있을 뿐이라는 사실을 확인하게 되면 시간은 나누어져 있는 것이 아니요, 삶과 죽음은 원래부터 존재하지 않는다는 사실을 알게 된다.

그래서 차 마시기, 걷기, 식사하기, 말하기 등 그 무엇이든지 알아차림이 되려면 동작을 최대한 천천히 하면서 마음이 함께하는 연습이 필요합니다.

일미진중함시방—微塵中含十方이란 먼지 하나를 포함해서 일체 만물이 염불문念佛門이며 알아차림의 열쇠가 된다는 가르침이다.

어떠한 것도 홀로 존재하는 것은 없으며 아무리 하찮게 보이는 것도 전체의 중심이며 시작과 끝점이란 사실을 알아야 하고 소중하게 대하여야 한다.

화를 내는데 아주 천천히 화를 뿜어낸다면 그 화의 불꽃이

피어오르는 동안에 금방 꺼지면서 화는 사라지게 될 것이다.

　내공력이 강해지면 순간에도 화를 사라지게 할 수 있지만 초보자는 동작을 '천천히'하는 것부터 알아차림을 해 나가야 한다.

　화가 치밀어 오르면 맘속으로 "화, 화, 화"하는 식으로 단어를 딱딱 끊어 내면서 화의 기운을 절단해내면 화를 처리하는 데 도움이 된다.

🪨 명상문

화를 내는 것은 움직이는 도깨비불과 같은 것입니다. 그것은 열을 지닌 것으로 맘에 화상을 입히고 괴롭게 합니다. 그래서 화가 난 사람은 상처 입고 괴롭기 때문에 화를 밖으로 내던지며 주변을 화로 태우게 됩니다.

그는 그 누군가로부터 언젠가 화를 수없이 받아서 마음 가운데 쌓아놨다가 작은 불씨 하나에 대폭발을 일으키는 것인지도 모릅니다. 그는 상처 입고 괴로움을 간직하고 지내왔을 수도 있습니다. 거기에 내가 불을 붙인 것인지도 모릅니다.

혹 당신이 날아온 화를 받은 경우라면 깊은숨을 내쉬면서 받은 화를 숨을 후~내쉬면서 허공중에 흩어지게 하세요. 그렇지 않고 맞받아친다면 더욱 큰 불길로 치솟게 되어 서로 불장난에 소중한 것들을 잃어버릴 수도 있는 것입니다.

위로 치솟는 화火를 내는 사람에겐 낮은 곳만 찾아서 흘러가는 수水처럼 아래로 하심하며 대하면서 던져진 화 속에 상처와 괴로움이 간직되어 있다는 사실을 이해할 필요가 있습니다.

상대가 화를 낸다고 다시 되돌려 차는 공 취급하지 말고 화로 상처 입은 상대의 마음을 바라보며 화 속에 휘말려 들어가지 말고 자비심을 발동시켜서 그의 상처와 괴로움을 어루만져주도록 하세요.

불과 불을 서로 공 차듯이 주고받으면 큰불이 되고 치솟는 불을 흐르는 물처럼 대응하면 상처 입고 괴로운 그에게 위로가 되고 치유의 약이 될 것입니다.

화가 나거나 화를 자주 내는 사람에겐 해변 구경, 호수 산책, 물 건너 여행, 낚시, 수영, 수생식물 기르기, 어항을 가까이 두고 생활하는 것 등이 좋고 물을 자주 마시면 마음에 수분함량을 높여서 화를 조절하는 데 도움이 됩니다.

반대로 우울증에는 걸으면서 자신의 움직임을 관찰하거나 큰소리로 염불을 하는 역동적인 수행법이 도움됩니다. 또한 어둠 속으로 자신의 마음을 함몰시키는 것이 우울증이기에 눈을 감고 아침에 어둠을 몰아내고 밝게 떠오르는 태양 빛을 상상하는 빛 명상을 하는 것도 도움이 됩니다.

틈새를 만들면 공심이 드러난다

🪷

　너무 달라붙는 옷을 입으면 몸이 둔해지고 숨쉬기도 답답할 때가 있다. 그때는 단추 하나만 풀어줘도 공기가 통하면서 움직임이 훨씬 편안해진다.

　사람 사이도 너무 가까우면 시간이 지나면서 의식하지 못하는 사이에 답답해지고 숨 막히는 듯한 상황이 오기도 하는데 그때는 잠시라도 약간의 거리를 두고 지내는 것이 좋다.

　그래야 벌어진 틈새로 바람이 흘러들어 생기가 감돌게 되는 것이다. 틈이란 내가 너에게로 네가 나에게로 다가설 수 있는 여유 공간을 의미한다.

　전통양식의 한옥에는 공간배치를 할 때 주변의 자연환경을 고려하고 바람이 통하는 여유 길을 충분히 만들어주었던 것은 집안에 사는 사람이나 외부의 손님들이 드나들 때를 고려하여 소통개념을 중요시하는 데 있었다.

　그런 점에서 다닥다닥 붙어서 숨 막힐 듯하고 위아래로 포개져 단절된 아파트나 건물 속에서 생활하는 현대인들은 소통의 개념이 무너져 단절된 공간에 갇혀 살기 때문에 서로에 대한 이해와 공감과 공존의 정신이 만들어지기 어렵게 되어 있다.

이러한 점은 자라나는 아이들의 생활교육 측면에서 심각한 문제가 아닐 수 없다.

서로 간의 여유 공간인 틈은 이해와 소통의 바람이 흘러가는 생명의 길이며 서로에게 신바람이 돌게 하는 활력을 만들어 준다.

그러므로 사람과 사람 사이의 지루함을 느끼게 하는 권태기는 적당한 거리를 확보하여 물리적인 또는 심리적인 거리를 두라는 신호인 것이니 세상을 살아가면서 서로에게 적당한 사이를 유지하는 틈새는 매우 중요하다.

공간空間이란 한자의 뜻 속에는 나와 너의 사이에 틈새가 있어야 성립하는 공심空心이라는 비어있는 뜻을 담고 있다. 공간에는 바람이 지나가고 구름이 흘러가며 비가 내리기도 하면서 생기를 만들어 내는 것이다.

그래서 텅 빈 공간은 생명을 잉태하고 낳고 길러내는 생명의 원천으로 천지 만물의 생로병사가 가능하게 한 것이기에

부처님의 빈손

공즉시색空即是色인 것이다.

　차 한 잔의 여유

　동네 한 바퀴 산책

　아이 쇼핑

　낯선 여행

　독서

　또는 신비의 세계에 대한 기도나 명상 등은 일상생활에서 잃어버린 틈을 만들어주는 생활 속의 수행인 것이다.

　알고 보면 바람을 쐬고 싶은 마음이나 바람을 피우는 심리도 꽉 막힌 마음의 벽을 허물어 자기 마음속에 생기를 불어넣고자 하는 몸부림의 일종이다.

틈새를 만들면 공심이 드러난다

비우고, 내려놓고, 끊어내고 등의 의미는 몸과 마음과 사람과의 관계의 벽을 허물어 틈새를 만들어 공심空心을 확보하고자 하는 마음이다.

비우고 또 비우고 비었다는 마음도 비우고를 반복하는 연습을 하다 보면 작용에 반응하는 것이 아니라 나는 나로서 행동할 수 있는 길이 열리고 넓어지는 것이다.

천상이나 천하의 그 어떤 작용에도 반응치 않고 자기로서 당당히 행동할 수 있을 때 이를 유아독존唯我獨尊이라고 하는 것이다.

그는 자기 스스로 자유롭게 선택하며 행동할 수 있는 마음의 여유 공간을 최대치로 확보하고 있는 깨어있는 사람이다.

♟ 명상문

나는 텅 빔 속에서 살아갑니다. 천상의 신의 세상이나 지상 인간들의 세상에서 상대에 반응치 않고 오직 나 홀로 존재하는 방식으로 살아 있을 수 있습니다. 그러하기에 먼지 하나에도 의존하는 마음을 갖지 않고 자유로운 마음으로 살아 있습니다.

나는 텅 빈 여유 공간을 최대치로 확보하며 살아가렵니다.

　　　　　　　　　　　　부처님의 빈손

세상에 대하여 챙기려는 마음을 비워버리고 그 빈자리에 만나는 인연에 대하여 배려하고 사랑하면서 살아갑니다.

비우고 내려놓고를 반복하며 마음의 틈새를 벌리고 또 벌려서 그 한계를 무한으로 확장시켜 가면서 텅 빔의 마음으로 모두를 품어 안으면서 함께 살아가렵니다. 그것이 공간이 주는 의미이며 일체 존재를 낳아 기르고 품는 모성입니다.

상대의 기쁨과 함께하고 슬픔은 나누며 기뻐할 일들은 만들어주고 괴로움에서 벗어나서 평안하고 행복한 마음으로 살아가도록 챙기겠습니다.

행복을 부르는 주문

밤새 비바람이 거세게 불어대더니 아침 마당엔 꺾어진 나뭇가지가 어지럽게 널려있다. 쓸만한 가지들을 주워다 노끈으로 엮어서 새집을 지어 처마 끝에 매달아 놨더니 어디선가 날아든 새 한 마리가 반갑다고 지저귄다.

"어허! 그 자식 귀엽기도 하여라." 한 움큼의 쌀을 모이로 놓아주니 짹짹거리며 맛나게 모이를 쪼아 먹는다. 가끔 고개를 두리번거리며 날 쳐다보는 모습에 나의 얼굴 가득히 미소가 지어진다.

사람은 살다 보면 외로울 때가 있고 살다 보면 힘들 때도 있고 살다 보면 모든 걸 다 포기해버리고 싶을 때가 있다. 그럴 때 날 찾아와 둥지라 여기며 잠시나마 내 곁에 머물러 쉬었다 갈 수 있는 그런 사람이길 소망해 본다.

누군가를 위하여 빈 마음이 되어 빛의 둥지로 살아 있는 사람은 행복하여라! 그 누군가에게 지친 마음, 힘든 마음, 외로움 마음 쉬어가는 둥지가 여러분 모두이길 소망해 본다.

굼벵이도 제 자식은 예쁘게 보인다고 한다. 자비스런 엄마 마음으로 바라보면 예쁘지 않은 것이 없고 분별하지 않는 눈길로 바라보면 모든 괴로움과 외로움에서 벗어나 얼굴 가득히 웃음꽃이 피어난다.

행복은 애써 노력하여 만들어내는 미래의 것이 아니라 지금 이 순간, 바람 없는 평화로운 마음 그대로의 상쾌한 기분에 있다.

🧘 명상문

외롭다 울지 마라.

힘들다 한숨짓지 마라.

거친 숨 내쉬며 두 주먹 불끈 쥐고 누군가를 원망하지 마라.

가슴을 가볍게 토닥거리며

"괜찮아, 괜찮아! 이만하면 잘 살아나왔다. 힘들었지만 그래도 잘 살아 나왔어!"라고 속삭여 주어라.

행복은 노력 끝에 얻어지는 미래의 것이 아니며 찾는 것도 아니다. 비교하고 나누고 좋다 나쁘다 하는 집착하는 마음만

부처님의 빈손

내려놓으면 빈 마음속에서 웃음꽃이 피며 꽃향기 휘날리게
될 것이다.

  알아야 한다.
  먼저 비운 자가 상황의 승리자란 것을!
  먼저 내려놓은 자가 크게 이익을 얻게 된다는 것을!
  먼저 끊어낸 자가 평화를 가져오고 웃음꽃을 피우며 살아
가게 된다는 것을!

홀로 존귀해지는 길

붓다의 초기 가르침을 담고 있는 숫타니파타에 보면 제자들에게 "무소의 뿔처럼 혼자서 가라"고 말씀을 하고 계신다. 우주 만물 중에 그 무엇 하나에도 인연 맺어 마음이 머물지 않고 오직 자신의 마음 하나, 그 자체로 살아 있을 수 있어야 함이 행복한 마음으로 살아 있는 수행자의 마음가짐이다.

작은 먼지 하나라도 집착하여 마음이 그곳에 머물러 있다면 그는 그 먼지 하나의 노예로 붙잡혀 살아야 하는 것이다.

어린아이들이 장난감을 가지고 놀다가 옆에 친구가 그 장난감을 빼앗아 가면 울면서 친구의 손에 잡혀 있는 장난감을 빼앗으려 싸움이 일어나게 된다. 그는 장난감을 지배하는 사람이 아니라 장난감에 붙들려 있을 뿐이다.

권력, 명예, 지위, 돈, 재물, 사람 등을 좇아 희로애락을 겪고 사는 인간은 모두 그것들의 노예나 다름없는 것이며 순수하게 자신의 마음 하나로 홀로 서 있을 수 없는 나약한 존재

부처님의 빈손

일 뿐이다. 인간이 현실적으로 겪는 모든 괴로움, 외로움, 힘든 것들은 각종 인연이 된 것들로 인한 것이다.

드높고 넓은 하늘의 왕자인 태양은 홀로서 세상 만물을 비추며 지나가는 곳마다 빛과 열을 통해서 만물을 일으키며 풍성한 결실을 얻게 하고 밤이면 달이 어둠 속에 길을 내어 길손을 헤매지 않도록 안내를 하며 밤하늘에 무수하게 떠 있는 별들은 제각각 빛을 방출하며 홀로서기를 하고 있다.

그러나 인간은 스스로 빛을 내지 못하고 그 무엇인가를 자기에게 끌어와서야 비로소 빛을 반사해내게 되니 죽도록 의존적인 마음을 벗어나지 못하고 살아가는 것이다.

붓다는 "무소의 뿔처럼 혼자서 가라"고 말씀하신다.

우주 안에 홀로 우뚝 서려면 지금 현재 이 순간에 그 무엇에도 의존하지 않고 홀로 서기가 되어야 욕망으로부터 벗어나 평화로운 마음으로 존재할 수 있는 독존獨尊이 가능하게 되는 것이다.

턱을 가슴으로 살짝 당겨서 아래를 바라보며 무소의 뿔처럼 곧장 앞으로 천천히 걸어나가며 자신의 움직임을 관찰하여 보라.

모든 괴로움에서 벗어나서 평화로운 마음으로 나아가는 길이 이 속에 있다. 무소의 뿔처럼 혼자서 가라.

하늘에 해와 달과 별들이 발광하는 것처럼 텅 비워진 마음 속에서 발광하는 지혜의 빛이 혼탁한 세상을 맑고 밝게 정화 시키고 개인적인 탐욕에 휘둘리지 않는 한 송이의 맑고 향기 로운 연꽃 빛으로 피어있게 될 것이다.

🧘 명상문

봄여름의 자연은 자기를 꾸미고 가식의 탈을 쓰고 살지만 가을엔 낙엽 하나까지 남김없이 떨쳐내며 민낯을 드러내게 됩니다. 마치 수행자가 자기의 정신과 마음을 꾸미고 있는 수 많은 생각과 꿈들을 비우고 텅 빈 자기의 참모습을 마주하듯 이 말입니다.

그래서 인생의 가을이 되면 자신의 참모습을 보게 되는 기 회가 주어집니다. 인생의 가을은 인생무상, 아픔, 내 것이라 고집할 것이 하나도 없음을 깨닫게 해 주는 큰 법문입니다.

이 시기에는 외부와의 접촉이 줄어들고 자신의 내부와 만 나는 기회가 많아지게 되니 평소 무관심했던 나 자신을 챙길 절호의 기회가 찾아온 것이니 감사해야 할 일입니다.

부처님의 빈손

이 세상에서 나 이외에 그 누가 내 마음을 헤아려서 나보다 더 나 자신을 챙겨줄 사람이 있겠습니까? 괴로우면 하소연하고 급하면 지푸라기 하나라도 붙드는 심정으로 매달리며 하소연하게 되는 신도 나처럼 나를 이해하고 챙겨주는 존재는 아닌 것입니다.

나이 먹어가면서 혼자 있어 외로움의 시간이 많아지면 기뻐할 일입니다. 나를 만나 함께할 시간이 많아진 것이니 감사하게 받아드리며 혼자만의 은밀한 즐거움을 만끽하는 시간이 되어야 합니다.

홀로 존귀해지는 길   139

인연은 그냥 뿐입니다

어느 분이 묻는다. "스님도 우울하고 화가 나고 괴로울 때가 있느냐?"고. "당연하지!"라고 대답하니 또 묻기를 "그럼, 스님도 저희랑 똑같으시네요."라고 말씀하신다.

비 오면 비 오는 걸, 눈 내리면 눈 내리는 걸, 바람 불면 바람 부는 걸, 발 등에 불이 떨어지면 뜨거운 것을 누가 알아차리라고 해서 알아차리는 것이 아니라 자연히 알아차리는 것이다. 그리고 나와 비, 눈, 바람, 불과 구분하며 그 상황에 반응하는 것이다.

화나고 우울하고 괴로운 감정이 일어날 때도 순간적으로 알아차림이 일어난다. 문제는 그러한 감정과 자신을 별개로 구분 짓지 않고 일어난 감정에 휘말려 들어가서 감정이 증폭된다는 것이다.

마음이 일어나는 맨 처음의 순간을 알아차리는 마음이 바로 올바른 깨달음의 순간인 것이다.

부처님의 빈손

세상을 살아가면서 겪는 괴로움이 팔만 사천 가지나 된다고 한다. 그만큼 괴로워할 일들이 많고 많은 인생살이라는 것이다. 그러나 알아야 한다. 모든 괴로움은 단지 인연에 따라 일시적으로 일어났다 사라지는 것이라는 것을.

그러므로 알아야 한다. 모든 괴롭고 우울하고 화나고 하는 것은 일어나는 감정을 자기와 동일시하는 것에서 비롯된다는 것을.

왜 상대가 괴롭고 화난다고 나를 향해 던진 짐보따리를 내가 껴안고 괴로워하고 화를 내야 하는가? 괴롭고 화난 짐보따리는 그의 것이니 상관할 것이 아니다. 다만 내가 할 일은 그가 왜 괴로워하고 화를 내는 것인가를 이해할 일이다.

그렇게까지 해야 하느냐고 반문하는 사람도 있을 것이다. 그러나 그렇게 해야 하는 것은 상대는 남이 아닌 내 안에서 나와 함께 살아가는 또 다른 나이기 때문이다. 그래서 그의 괴로움이 바로 나의 괴로움이다.

평상시에 인간관계를 괴롭지 않게 유지해 살아가는 하나의 방법으로 '그렇구나, 그렇구나!'하는 태도를 갖는 것이 필요하다.

존재하는 것이란 잠시도 가만있지 않고 변화한다. 계절의 변화도 춘하추동春夏秋冬으로 변하고 기분도 희로애락으로 변하고 인생도 생로병사로 변하고 날씨도 맑고 흐리고 비 오고 눈 오고 바람 불고 잠시도 가만히 있지를 않는다.

살아가며 만나는 인연들도 사회생활도 변하지 않는 것이 없다. 이렇듯 수많은 변화 속에 살다 보면 자기의 생각이나 기분에 상처를 입는 경우가 생기게 된다.

스트레스를 참으려니 마음에 병이 생기고 폭발시키려니 관계가 틀어지게 되니 괴로울 수밖에 없다. 이럴 때에는 '그렇구나, 그렇구나!'라고 처한 상황을 이해하며 자기의 생각이나 기분을 내세우지 말아야 괴로움에 휘말려 들지 않는다.

올라오는 화를 참으라는 것이 아니라 상황을 바라보는 자신의 관점을 확! 바꿔버리라는 것이다. 관점을 전환하는 것이 괴롭지 않게 살아가는 길이다.

'그렇구나, 그렇구나!' 하면 어떤 상황에서든지 나자신을 괴롭히지 않고 갈등을 겪지 않고 자유로운 마음으로 지낼 수가 있다.

부부가 되어 한평생 함께 살아가는 사이를 배우고 또 배우는 사이라서 배우자라고 한다는 말이 시사해주는 바가 크다고 하겠다.

연애는 서로 좋은 면만 바라보며 즐거움을 나누는 것이라면 결혼은 서로 다른 문화에서 길들여지고 사고방식이나 감

부처님의 빈손

정표현이 전혀 다른 두 사람이 하나의 가정에서 섞이어 자신의 분신을 만들어 내듯이 제 삼의 자기들로 변화를 배우고 생활해가는 학습의 과정이라고 할 것이다.

인생사 모든 변화의 순간순간마다 머리로 배우고 몸으로 체화해나가는 과장의 연속이라고 여기며 항상 배우는 학생의 자세로 임한다면 갈등은 최소화하고 괴로움이 없는 원만한 사이로 유지해 갈 수 있을 것이다.

그래서 자기의 모습과 전혀 다른 상대의 모습을 발견하게 될 때는 '그렇구나, 그렇구나!', '저 사람은 나와 다른 모습을 지닌 사람이구나' 하는 관점의 유지가 필요하다.

🪨 명상문

인생사는 그냥 뿐입니다.

구름은 그냥 구름일 뿐입니다.

비는 그냥 비일 뿐입니다.

강물은 그냥 강물일 뿐입니다.

눈은 그냥 눈일 뿐입니다.

바람은 그냥 바람일 뿐입니다.

불은 그냥 불일 뿐입니다.

몸은 그냥 몸일 뿐입니다.

괴로움은 그냥 괴로움일 뿐입니다.

우울함은 그냥 우울함일 뿐입니다.

화는 그냥 화일 뿐입니다.

집은 그냥 집일 뿐입니다.

차는 그냥 차일 뿐입니다.

돈은 그냥 돈일 뿐입니다.

권력은 그냥 권력일 뿐입니다.

인기는 그냥 인기일 뿐입니다.

좋은 것은 그냥 좋은 것일 뿐입니다.

싫은 것은 그냥 싫은 것일 뿐입니다.

부처님의 빈손

태어남은 그냥 태어남일 뿐입니다.

젊은 것은 그냥 젊은 것일 뿐입니다.

늙은 것은 그냥 늙은 것일 뿐입니다.

병든 것은 그냥 병든 것일 뿐입니다.

죽음은 그냥 죽음일 뿐입니다.

허무함은 그냥 허무함일 뿐입니다.

이 모든 것은 조건에 따라 만들어진 것뿐이며 나는 아닙니다. 단지 나와 인연이 되어 잠시 동행할 뿐입니다.

긴 숨 한 번 내쉬며 가볍게 앞으로 걸어나가 보세요. 그리고 지금 걷고 있는 자신을 느껴 보세요. 그 무엇도 심각할 것이 없습니다. 내 마음은 어떤 상황 아래에서도 편안하고 상쾌하게 유지하세요.

단지 알아차릴 뿐

천변만화千變萬化하는 자연계와 인간 세상의 모습은 영(제로)이라는 숫자를 대입하는 순간에 일체의 모습이 바람 앞에 구름처럼 흩어지고 감각되는 모든 움직임은 고양이 앞에 쥐처럼 꼼짝할 수 없어 마음을 어지럽히지 못하게 된다.

이러한 경지에 괴로움, 우울함, 시기 질투, 미워함, 불안, 공포, 감각적 욕망, 들뜸, 게으름, 의심 등의 마음이 살아 움직일 수는 없는 것이다.

일체를 집어삼키는 영(空)이라는 블랙홀은 깨어있는 의식으로 먼지 하나 붙을 수 없는 청정한 '제로지대'이다. 지나온 영원한 과거 속 상처도 살아갈 영원한 미래 속 불안도 사라지고 마음이 오직 이 순간에 머물러 있는 안심安心의 상태이다.

괴로우면 괴로움을 알아차리고
즐거우면 즐거움을 알아차리고

부처님의 빈손

우울하면 우울함을 알아차리고

두려우면 두려움을 알아차리고

미우면 미움을 알아차리고

화나면 화를 알아차려서

알아차림이 능숙하게 되도록 연습하고 또 연습하여 알아차리는 능력이 예리해지도록 하라. 금강보검金剛寶劍에 바위가 다가와서 부딪쳐도 토막이 날 수 있도록 마음을 예리하게 단련시켜야 한다.

🪨 명상문

부처님께서는 절대 평등한 중도를 말씀하셨습니다. 그 자리는 좌우 이념, 진영, 지역, 종교, 이해관계를 달리하는 집단을 벗어나 절대의 평화롭고 안전하게 생존해 가는 지대로서 이를 하늘나라 또는 극락정토極樂淨土라고 합니다.

우리가 부처님처럼 중도적인 관점에서 세상을 바라보며 살아간다면 우리가 머무는 곳곳마다 하늘나라가 이루어져 가는 것입니다.

관점을 음과 양이라는 상대로 대립시키지 않고 중도라는

흰 백지와 같은 제로의 관점에서 바라본다면 나와 상대의 이익을 챙기면서 함께 살아나갈 길이 열릴 것입니다.

중도는 나와 네가 안전하게 생존해가는 평화와 번영의 길입니다. 중도는 나와 너의 본질이며 중심점이며 핵심이며 양심이며 육바라밀이 터져 나오는 근원이며 어떠한 차별이 없고 색깔도 구분되지 않는 1급수 청정한 물과 같은 깨끗한 마음입니다.

때로는 침묵이 금일 수도 있겠으나 격전하는 현장에서는 함께 안전하게 생존해 나갈 수 있는 행복 문이 중도입니다.

부처님의 빈손

종교적으로는 은혜나 가피가 되고 개인적으로는 이해와 용서와 포용이 되며 국가정책으로는 각종 복지제도가 바로 중도적 정신의 산물인 것입니다.

인간생활의 가장 기본적인 부분을 각 개개인에게 맡겨두지 않고 우리가 함께 힘을 보태서 해결해 내는 것이기도 합니다.

생로병사生老病死하는 네 가지의 괴로움을 우리가 함께 해결해 나가는 것이 바로 중도의 실천입니다. 임신과 출산, 보육과 교육, 의료, 기본적인 의식주 생활, 실업 등 수많은 삶의 문제를 해결해 가는 것이 괴로움으로부터 벗어나는 해탈의 현실적인 길입니다.

그러므로 중도의 정신은 세상을 떠받치는 핵심점이기에 중도 안에서는 그 무엇 하나도 하찮게 여길 것이 없으며 다들 소중한 존재들로 챙기며 살아가게 됩니다.

앞서거니 뒤서거니

　물과 기름은 서로 뒤섞일 수 없는 전혀 다른 성질이면서도 물과 기름의 경계선에서는 함께 하는 것처럼 세상만사는 분명 나와 완벽하게 포개질 것은 단 하나도 존재하지 않는다.

　단지 이해타산에 의하여 공유할 수 있는 부분과 함께할 수 있을 뿐이니 이것이 음양은 서로 대립하면서도 함께하고 함께하면서도 대립하게 되는 것이다.

　그래서 인간의 관계는 대개가 이익을 위해서 상대와 손을 잡지만 계산하는 바가 다르기 때문에 수없이 갈등하고 싸우게 되는 것이다.

　부모가 자식을 성년이 될 때까지 훈육하며 자신의 생각에 맞도록 만들어가려 해도 자식은 성년에 가까이 다가갈수록 부모의 뜻에서 벗어나서 자신의 색깔을 찾아 독립된 존재로 성장하게 된다.

　　　　　　　　　　　　부처님의 빈손

그러므로 관계란 서로의 다른 점을 인정하고 맞춰가도록 해야 하고 아니면 그냥 지켜보는 정도의 아량은 있어야 한다. 자기 이익만을 따질 때 거래는 끝나고 자기의 생각과 감정만을 앞세울 때 관계는 깨지는 것이다.

한 번은 내 주장을 앞세우고 또 한 번은 상대의 주장을 앞서도록 배려해 줄 수 있어야 한다.

음양이 움직이는 이치 또한 음이 앞서면 양이 뒤를 따르고 양이 앞서면 음이 그 뒤를 따르면서 영원한 변화의 질서가 만들어진다.

그러므로 함께 살아가는 공존의 이치에 대하여 무지하면 서로 만남이 괴로움이 되고 서로 치르는 괴로움의 대가가 크다고 할 것이다.

🪨 명상문

선행의 끝은 기쁨이 있지만 악행의 끝은 괴로움을 불러옵니다. 그래서 세상을 살면서 인간관계의 과정이 우여곡절이 있어도 그 마무리를 잘하면 서로에게 이익되는 결과를 만들어 내는 것이니 모든 일의 끝마무리를 잘하여야 합니다.

마무리를 잘하면 서로에게 희망이 열리게 됩니다. 대화의 과정에 불협화음이 있다거나 남을 비난하거나 흉을 보았다 해도 그 끝에 가서는 서로에게 이익되는 덕담으로 마무리를 하는 것이 매우 중요합니다.

그래서 매사 그 마지막에는 즐겁게 마무리해야 하는 것이니 인생의 마지막 죽음도 그 순간의 마음 상태가 죽음 이후로 이어지는 새로운 삶을 시작할 때의 마음 상태로 이어지니 마무리가 중요한 것입니다.

우리가 종교의식을 진행하고 기도를 올리고 염불을 외우고 절을 하고 사경을 하고 나서 그 마무리에는 반드시 자신이 지은 공덕이 일체의 생명과 사람들에게 돌아가 다 함께 괴로움을 떠나 행복해지기를 축원하는 것도 같은 의미입니다.

세상을 살다 보면 본의 아니게 남의 흉을 보고 약점을 지적하고 시샘을 해서 부정적인 마음을 쏟아내는 경우가 있습니다. 그러나 이러한 태도는 자신이 먼저 그 부정적인 에너지에 휘감겨서 고통을 겪게 냅니다.
그러므로 마음을 수행하는 사람은 밥을 먹을 수 있으매 감사의 마음을,
거처가 있으매 감사의 마음을,

부처님의 빈손

자신을 챙겨주는 가족이 있으매 감사의 마음을, 일할 수 있는 직장이 있으매 감사의 마음을,

　함께 할 수 있는 친구나 동료나 이웃이 있으매 감사의 마음을,

　몸을 일으켜 자리에 앉고 서고 걸을 수 있으매 몸에게 감사의 마음을,

　설사 병들어 자리에 누웠다 해도 이 세상에 잠시라도 누워 있을 수 있으매 감사의 마음을 일으켜야 합니다.

앞서거니 뒤서거니

감사는 더 큰 감사의 기운을 당겨와서 수많은 생명들과 사람들에게 감사의 인사를 받을 일들을 창조해 냅니다.

하는 일마다 풀리지 않고 힘든 일들이 이어지고 괴롭고 우울하고 화가 날수록 마음을 가다듬고 자신의 몸과 마음 그리고 생활 주변에서 일어나는 일들에 대하여 감사의 마음을 일으키는 연습을 해야 합니다.

자신이 고통스런 상황에 있다 해도 그 상황을 부정적으로 해석하면 자신이 파 놓은 늪에 빠지는 불행을 겪게 됩니다.

긍정은 긍정의 에너지를 증폭시키고 부정은 부정의 에너지를 증폭시키는 법칙을 이해할 수 있다면 자신에게 주어진 상황이 한순간에 달라지기 시작합니다.

일체 현상은 에너지로 연결되어 있으며 생각은 그 에너지를 타고 흐르면서 길흉(吉凶) 간의 결과를 만들어 냅니다. 작은 돌멩이 하나를 호수에 던지면 하나의 파장에 이어 수많은 파장이 연쇄적으로 일어나게 됩니다.

이와 같이 하나의 생각도 일어나면 이윽고 수많은 생각들이 연쇄적으로 일어나면서 최종적으로 그 시발점인 자신에게

부처님의 빈손

로 돌아와서 결과를 만들어 내게 됩니다.

그러므로 돈을 감사하게 여기면 돈이 모여들고 공부할 수 있음에 감사하며 공부를 잘하게 되고 부처님께 감사하면 보살핌을 받게 되고 세상을 사랑하면 많은 사람들이 자신에게 호의를 갖고 지지하게 됩니다.

그래서 감사는 온갖 괴로움을 이기게 하고 바라는 바를 이루게 해주며 몸과 마음의 건강과 생활까지도 풍요롭게 만들어주는 주문인 것입니다.

그리고 하루 동안 괴로운 일들이 있었다 해도 지난 세월 동안 맺어진 문제들이 풀어지고 정리돼서 문제없음의 상태로 회복하는 과정이었다고 이해하며 '이 정도로 넘어갔으니 다행이다.'라고 감사히 여겨야 합니다.

매일 감사의 마음으로 시작하고 감사의 마음으로 하루를 마감하며 잠자리에 들도록 습관을 들이도록 하면 행복 문이 열리게 됩니다.

소가 풀을 뜯듯이

🪷

소가 풀을 뜯는 걸 보면 서두르지 않고 차분한 가운데 꾸준히 풀을 뜯는 것을 볼 수 있다. 행복한 마음을 위한 수행도 명상의 주제에 대하여 맨 처음의 알아차림 상태를 놓치지 않고 차분한 가운데 유지해가야 한다.

소의 고삐 줄을 잡은 손을 놓지 않는 것처럼 알아차림을 지속해가면 모든 괴로움을 소멸시키는 해탈문_{解脫門}에 들어가게 된다.

진리란 평범한 일상의 생활 그 자체로서 모든 일이 진리를 알게 하는 가르침인 것이니 매사에 깨어있는 생활이 되어야 한다.

혹자는 죽음을 어떻게 대해야 하는가를 묻는다. 죽음이라는 현상도 수많은 명상의 주제 중에 하나로 본다면 평상시 마음공부 할 때와 죽음을 대하는 자세 사이에는 한 치의 차이도 없이 같은 것이다.

　　　　　　　　　　　　부처님의 빈손

평상심시平常心是가 도道라는 관점을 유지하면 태어나는 일이나 늙어가는 일이나 병이 드는 일이나 죽는 일 가운데 특별한 일이 따로 있겠는가? 그래서 지금 이 순간에 마음을 살피는 수행을 하는 사람이라면 죽은 뒤의 사실에 대하여도 전혀 관심 둘 필요가 없다. 죽음의 문제는 죽은 뒤 그때에 가서 해결 지으면 되는 것이기 때문이다.

♨ 명상문

걸을 땐 걷는 것에만 마음을 두라, 그것이 삶의 기도이며 죽음을 준비하는 것이다.

먹을 땐 먹는 것에만 마음을 두라, 그것이 삶의 기도이며 죽음을 준비하는 것이다.

공부할 땐 공부에만 마음을 두라, 그것이 삶의 기도이며 죽음을 준비하는 것이다.

일할 땐 일하는 것에만 마음을 두라, 그것이 삶의 기도이며 죽음을 준비하는 것이다.

놀 땐 노는 것에만 마음을 두라, 그것이 삶의 기도이며 죽음을 준비하는 것이다.

숨이 희미해져 죽음을 맞이할 때는 숨이 희미해져 죽어가는 것에만 마음을 두라, 그것이 삶의 기도이며 죽음을 준비하

소가 풀을 뜯듯이

는 것이다.

그리고

죽어 다음 생으로 이어져서 태어날 때는 태어나는 것에만 마음을 두라, 그것이 깨어있는 기도이다.

지금 이 순간에 명상의 주제에 마음을 집중하며 공부하는 것이 잘사는 길이면서 잘 죽는 길이면서 잘 태어나는 길이 된다.

부처님의 빈손

웃으며 편안히 살아가라

봄이 되면 꽁꽁 얼어있던 대지가 풀리면서 산천에는 초목들이 깊은 잠에서 깨어 일어나고 아침이 되면 어둠 속에 묻힌 만물들이 햇빛을 받으며 모습을 드러내게 된다.

웃고 웃고 또 웃으면 닫힌 마음의 문이 열리면서 우울하고 상처 입은 감정들이 하나둘씩 밖으로 드러나 사라지며 평화로운 마음만 남게 된다.

무소유란 마음에 먼지 하나도 남기지 않고 철저히 맑고 밝은 마음 혼자만이 남아 몸과 맘을 휴식하게 하는 공부법이다.

한번 웃고 또 웃으면 몸과 맘이 새롭고 새로워진다. 그 새로움 속에서 몸의 긴장은 풀리며 굳어진 몸이 붙들고 있던 오장육부五臟六腑 사지백체四肢百體는 포박된 상태에서 벗어나 자유를 얻으니 모든 기능이 활성화되어 몸이 새로워지게 된다.

천진스런 아가의 웃음이나 깨어있는 붓다의 미소에는 괴로움과는 상관이 없다. 삶이 미소가 되려면 가능한 현실에 대한 개인적인 집착은 최소화하고 또 다른 나들을 위한 큰 원을 세우고 살아가야 한다.

햇빛을 받으면 꽃이 피어나 향기를 퍼트리면 벌과 나비가 날아들고 뭇사람의 이목을 집중시키듯이 인간의 웃음은 닫힌 몸과 마음의 문을 활짝 열게 하여 행운의 기운을 당겨오는 주문이 된다.

몸에 건강과 맘의 평화와 생활에 기쁨을 가져다주는 행운의 주문인 웃음을 억지로라도 웃는 연습을 하여 보자. 웃으면 행운이 올 것인지 의심치 마라. 정말 행운이 온다. 정말로!!

♨ 명상문

때가 되면 올 것은 오고 갈 것은 가게 됩니다.

원래 나는 그 무엇도 움켜쥐지 않는 빈손으로 온 것이니 오고 가는 인연에 내가 할 수 있는 것이 있으며 기꺼이 하세요. 할 수 없으면 맘으로나마 축복해주세요.

너무 애태우며 괴로움을 만들지 말고 그냥 물 흐르듯이 인연을 대하면서 편안히 자유롭게 살아가세요.

부처님의 빈손

요즘은 제법 쌀쌀해진 날씨가 가을이 멀리 떠나는 것을 느끼게 합니다. 오던 가을이 기다렸던 만큼 울긋불긋한 단풍으로 행복한 마음을 주더니 이젠 가는 가을을 아쉬워하는 제 마음에 수북하니 쌓인 단풍 길을 만들어 행복한 기분을 느끼게 해 줍니다.

봄이 되어 올 때는 싱그러운 꽃으로 가을이 되어 갈 때는 잘 익은 단풍 빛으로 아름다운 감동을 안겨주듯이 우리도 서로에게 꽃처럼 향기를 나누고 짙은 단풍빛깔처럼 아름답게 물들이면서 살아갔으면 좋겠습니다.

심마니들은 산삼을 발견하면 "심봤다!"를 크게 소리치며 기뻐합니다. 전라도 사투리에 힘을 내라는 뜻으로 "심내!"라고 표현합니다. 심心은 곧 힘이며 에너지입니다. 기쁜 일이 생기면 힘이 솟아나고 슬픈 일이 생기면 맥이 풀리고 힘이 빠지는 것을 느낍니다.

즐겁고 기쁜 마음엔 생기가 감돌고 혈액순환이 생생하게 돌아갑니다. 폐는 기를 주관하고 심장은 혈액을 주관하는데 마음에 빛을 일으키는 웃음을 자주 짓는다면 기혈순환이 활발히 일어나게 됩니다.

그래서 웃음은 기혈순환을 원활하게 해주는 것은 물론이거니와 행운을 불러오고 악운을 멀리 떨쳐내는 효과까지 있으니 개운의 비법이라 할 것입니다.

흐르는 물은 썩지 않고 살아 있는 생명수이지만 웅덩이에 갇힌 물은 썩은 물로 주변까지 다 오염을 시키게 됩니다. 물은 흘러야 에너지가 생기고 몸도 움직여야 에너지가 생기고 머리도 자주 써서 회전을 시켜줘야 생생하게 깨어있는 뇌가 됩니다.

무엇이든 사용치 않으면 늙어지고 병들고 죽음에 이르게 되는 것이니 웃는 것도 자주자주 습관을 들여야 쉽게 웃음을 지을 수가 있고 얼굴 자체가 웃는 이미지로 틀이 만들어지게 됩니다.

화분에 예쁜 꽃이 한 아름 꽂혀 있는 모습을 보면 기분이 상쾌해지듯이 얼굴 가득히 웃음꽃이 피어나는 얼굴로 만들어 가기 위해서 자주자주 웃음을 짓는 연습이 필요합니다.

부처님의 빈손

사랑하는 나의 님

　문을 열고 밖을 나서니 어디선가 바람 불어와 향 내음이 코를 즐겁게 한다.

　흐르는 계곡물은 시원함으로

　떨어지는 낙엽은 떨림으로

　먹물 옷 입고 무심히 앉아 있는 큰 바위는 살짝 웃음을 짓는다.

　앞만 바라보고 숨 가쁘게 달려 나오느라 평소 잃어버리고 살아왔던 또 다른 나들이 나의 시선을 잡아당기며 말을 걸어온다.

　또 다른 나들을 잃어버리고 살아나온 동안 자연스런 모습으로 자유롭게 이곳저곳에 자리하며 잘들 살아 있었구나!

　하늘(님)아! 사랑한다. 산(님)아! 사랑한다. 계곡(님)아! 사랑한다. 나무(님)도 잡초(님)도 모래(님)도 마을 입구에 세워진 돌장승(님)도 날 낳아 주신 부모님도 이 생에 함께 형제 된 님들도 그리고 잠시 잠깐이라도 내 앞을 스치고 지나가신 님들도 모두모두 사랑한다.

　아주 소소한 것이라도 사랑하며 살자. 사랑은 마음을 진실하게 해주고 가슴을 뛰게 해서 살아갈 에너지를 만들어 준다.

왜 사느냐 묻는다면

왜 사는가?

나를 사랑하기 때문이다.

무엇이 사랑인가?

나를 살피고 살리는 것을 말한다.

나를 살펴서 나의 즐거움과 함께하고 나의 슬픔과 함께하고 내가 필요로 하는 바를 챙겨주고 내 마음을 평안케 하고 행복하게 해주는 것이다.

왜 사는가?

세상을 사랑하기 위해서다.

무엇이 사랑인가?

세상을 살피고 살리는 것을 말한다.

무엇이 살피고 살리는 것인가?

인연을 살펴서 함께 즐거워하고 함께 슬퍼하며 그가 필요로 하는 바를 챙겨주고 그의 마음을 평안하고 행복하게 해주

부처님의 빈손

는 것이다.

그러므로 산다는 것은 나와 세상을 두루 살피고 살리는 생활이 된다.

사랑한다고 말하면서 상대의 사정을 살피지 않고 그가 필요로 하는 바를 모른척해서야 어떻게 사랑한다고 할 수 있겠는가?

예수님께서

"네, 이웃을 네 몸같이 사랑하라"라고 하신 말씀의 뜻이 바로 삶의 이유이며 내가 해야 할 나의 살림살이가 된다.

자기 몸을 살피고 필요한 바를 채워주듯이 세상에 대하여도 그렇게 살라는 뜻이다.

왜 사는가?

나를 사랑하기 때문이다.

왜 자기를 사랑하는가?

세상을 사랑하기 때문이다.

왜 세상을 사랑하는가?

세상의 집합이 바로 나이고 나의 확대가 세상이기에 이 둘은 나눌 수 없는 하나의 삶이기에 그러하다.

둥근 원 안으로 들어가면 원 밖으로 나가는 것을 알 수 있고 원 밖으로 나가면 원 안으로 들어옴을 알 수 있다. 나와 자연과 나와 세상과 나와 너들이 이처럼 안과 밖으로 연결되어 있는 진실되고 원융圓融한 나의 모습인 것이다.

그러므로 원을 만들어내는 둥근 기준선을 없애버리면 텅 빈 하나의 나가 되어 나 아닌 것은 먼지 하나도 존재하지 않는 것이다. 모두가 나이다, 나!!

천상이나 지상이나 나 아닌 것은 단 하나도 존재할 수 없는 것이니 오직 나만이 존재한다.

그리고 그것은 오직 내 생각이 만들어 낸 또 다른 나의 모습들인 것이다.

이것이 부처님이 선언하신 천상천하유아독존天上天下唯我獨尊이라는 의미이다. 오직 나 홀로 존귀한 존재인 것이다. 그러므로 나를 그 무엇과도 비교하며 차별치 말아야 한다.

🪷 명상문

부처님은 상을 내지 말고 선행을 실천하라고 하셨습니다. 노자의 무위無爲의 정신이며 금강경에서 말씀하시는 응무소주이생기심應無所住以生其心하는 마음입니다.

즉 자기 이익을 고려치 않고 상대의 이익을 챙기는 것이요 자기의 이익을 챙기지 않고 대중의 이익을 위해서 행동하는

부처님의 빈손

것을 의미합니다.

그런 점에서 유의有爲라는 것은 자기의 이익을 고려하고 행동하면서 상대나 대중 속에서 자기 이익을 만들어 내기 위하여 행동하는 것을 의미합니다.

선행을 하면서 자신의 존재감을 상대나 대중 속에 각인시키려 하는 것은 그들에게 대가를 요구하는 것이 되므로 거래와 같은 것이 됩니다.

이것은 주는 것만큼 되돌려 받으려는 플러스(+) 마이너스(−)의 등식이 성립하는 것에 불과하나 거래 없는 마음으로 선행을 행하면 주는 것에 곱셈(×)이 되어 돌아오는 큰 결과가 발생하는 것이니 이것은 감사하다는 에너지가 한정 없이 증폭되어 만들어낸 결과인 것입니다.

그러므로 예수님은 오른손이 하는 것을 왼손이 모르게 하라 하신 것이며 이왕 내친 김에 오 리를 가자하면 십 리를 가주고 오른뺨을 때리면 왼뺨도 내어주라고 하신 것입니다.

여러분도 오늘부터는 플러스 마이너스의 등식으로 계산하

며 거래하는 작은 장사를 하지 말고 길게 바라보며 몇 곱절의 이익을 챙기는 곱셈의 장사를 하도록 하시기 바랍니다.

그런 점에서 두 눈 크게 뜨고 살펴보면 이유 없이 손해 보고 사는 사람은 없습니다. 과거나 또는 전생의 빚을 갚으면서 동시에 미래나 다음 생에 거둬들이는 투자가 이루어지고 있는 것입니다.

선인선과善因善果에 악인악과惡因惡果이며 그것은 증폭되어 당초에 자신이 행한 바보다 더 큰 결과를 만들어내는 것이니 선악 간에 이러한 이치만 알고 살아도 남는 인생을 살다 가는 것이 됩니다.

그러므로 남을 미워하는 감정도 시간의 흐름 따라 자기 맘속에서 미운 감정이 증폭되어 새끼를 치면서 뻗어 나가기 때문에 자신을 자해하는 어리석은 짓이 됩니다.
그래서 모든 일에 대하여 자신에게 이로운
방향으로 해석하며 마음을 긍정적으로
관리해야 합니다.

부처님의 빈손

입을 깨끗이 해야 한다

양산에 있는 어느 사찰에 머물고 계시다는 도반스님을 만나고자 아침 일찍 길을 나서서 절에 도착하였다.

먼저 법당에 들려 부처님께 인사를 올리고 고개를 돌려 나오려는데 법당 한쪽에 금강경 책자가 쌓여있고 필요하신 불자들은 가져가시라는 안내문이 붙어 있다.

깨달은 스승들은 평소에 꼭 필요한 이야기 이외는 말을 삼가며 침묵하는 생활을 하신다. 침묵은 마음 수행의 핵심이기도 하므로 꼭 입을 열어서 이야기를 해야 할 것이 아니면 말 없는 일상을 보내는 것이다.

그래서 부처님께서도 "법에 대한 말만 하고 그 이외는 침묵을 지키라."라고 말씀하신 것이다.

마음 수행자에게 중시되는 계율 같은 구결이 있는데 "불립문자不立文字 언어도단言語道斷 직지인심直指人心 견성성불見性成佛"이다. 글과 말을 멈추고 곧바로 마음의 실상을 살펴서 깨달음을

성취해야 한다는 의미이다. 말은 하되 '말 같지 않은 소리'는
가능한 한 하지 않도록 해야 한다.

말은 사실에 맞는 말, 진실된 말을 하고 모든 이에게 유익
한 말을 하여야 하고 남을 비난하거나 거짓을 말하거나 흉을
보거나 피해를 주는 등의 말은 삼가야 한다.

그러한 행위들은 일종의 자해행위와 같은 것으로 마치 주
먹 쥔 손으로 자기 얼굴을 치는 일과 다름이 없다.

수많은 사람들이 부처님 앞에 나아가 엎드려 절하며 하소
연을 하건만 부처님은 한마디 말도 없이 지극한 눈빛으로 굽
어보시며 침묵하고 계시지만 그런 가운데서도 자연히 바람이
이루어지는 공덕이 있다.

부처님의 빈손

사람이 거울에 자신의 모습을 비추면 거울 속에 자신의 모습을 반사해 내는 것은 거울이 침묵하기 때문이다.

만약 거울이 침묵을 깨트리고 말의 잔치를 일으킨다면 거울의 해맑음은 사라지고 사물의 있는 그대로의 모습을 비쳐 내지 못하게 되는 것이다.

그러므로 침묵한 마음에 누군가 다가와서 목마름을 이야기한다면 즉시 그 목마름을 해갈할 청량한 말씀이 터져 나오게 된다.

마치 범종의 속이 비어 있기에 종 채로 치면 웅장한 울림소리를 내게 되는 것과 같이 침묵의 생활은 인간의 본래 마음을 드러나게 하는 수행의 중요한 태도이다.

🪨 명상문

몸이란 모으는 행위로 모태에서부터 어머니의 영양물질을 끌어모아 만들어온 것이며 세상에 태어나서는 몸이 필요로 하는 것들을 끌어모아 살아가다가 죽음으로써 이러한 습관은 멈추게 됩니다.

나이란 나를 이어간다는 뜻입니다. 영원한 과거의 시간부터 지금 이 순간까지 나를 이어온 것이며 또한 영원한 미래로 나를 이어 가고 있습니다.

　나는 늙어갑니다. '늘~ 이어 간다'는 것입니다. 시작도 끝도 모르면서 시작도 끝도 없는 길로 나아가면서 나를 잃지 않기 위해서 나를 붙들고 나를 이어가고 있습니다.

　끝없이 모으고 끝없이 나를 만들어가며 끝없이 나를 이어가는 습관을 만들어 영원히 살아있고자 노력합니다. 몸을 잃은 뒤에도 알 수 없는 세상을 상상하며 살아생전의 습관에 집착합니다.

　이러한 몸짓이 살아 있는 동안이나 죽은 이후에 자기의 실상을 알아차리지 못하고 거리를 떠돌다가 자신이 살아나온 습관 따라 끝이 보이지 않는 삶을 이어가게 합니다.

　현재에서 미래를 향해 나아가는 삶의 길은 내가 출발했던 과거의 출발지점으로 돌아가는 것입니다. 그래서 지금 이 시간 이후의 죽음은 과거 내가 태어나기 전의 상태로 돌아가는 것입니다. 그래서 죽음을 '돌아가셨다'고 표현합니다.

　지난 세월 자신이 살아나온 발자취는 다시 미래에 자신이 밟고 지나가야 하는 것이니 지나온 시절의 자신의 삶을 회상하며 옷깃을 여미는 자기 성찰이 필요합니다.

　　　　　　　　　　　　　　　　부처님의 빈손

미래에 자신이 걸어갈 지난 세월의 그 발자국을 좀 가벼운 마음으로 밟고 지나가려면 진실로 반성하는 마음이 필요합니다.

어둔 밤이 깊어지면 밝아지는 새벽이 찾아옴은 순환하는 자연의 이치입니다. 스스로 그렇게 만들어가는 자연의 이치 따라 마음을 사용하는 대로 그 대가를 겪으며 사는 것이 인생입니다.

단지 그 이치를 모르기에 무명이요, 흑암이라 한 것입니다. 그 어둠 속에서 우주의 역사가 펼쳐지고 나의 자취도 시작하게 되었습니다.

살아 움직이는 모든 생명체는 맨 처음의 자리로 돌아가는 여정에 있습니다.
  해와 달과 별들도 돌아가고
  빛도 쏟아져 내리며 돌아가고
  바람도 돌며 지나가고
  물도 돌며 흘러가고
  날아가는 총알도 화살도 미사일도 돌며 날아가고
  생각도 돌며 행동으로 나타나고
  입으로 내뱉은 대로

마음 쓰는 대로

행동하는 대로 돌아서 내게 돌아오고

숨 한 번 들이마시고 내 쉬는 가운데 우주를 한 바퀴 돌아온 공기들이 또한 나의 주변에 있는 수많은 나들의 몸속을 돌고 돌아서 나온 공기가 내 몸 가운데 들어왔다 넓은 우주와 수많은 나들에게로 돌아 들어갑니다.

이 시간 부처님께 참회합니다.

이 시간 알게 모르게 지은 지난 세월 속의 모든 나의 허물을 반성합니다.

생각과 말과 몸으로 지은 모든 허물을 반성합니다.

그리고 앞으로는 생각으로 말로 몸으로 복이 될 만한 것만 지으며 살도록 하겠습니다.

입을 깨끗이 해야 한다

엄마 마음

여자는 약하나 엄마는 강하다고 한다. 그 이유는 모성이라는 전체적인 통찰의 지혜와 목숨을 건 헌신이라는 사랑의 힘을 지니고 있기 때문이며 이는 자신의 피조물인 자식을 향하여 나타난다.

아기가 자리에서 일어나 혼자서 아장아장 걷게 되면 이를 뿌듯하게 지켜보는 엄마의 마음엔 넘어지지 말고 한 발이라도 더 걷기를 응원하며 얼굴 가득히 미소를 머금게 된다.

걸음마를 배우는 아기처럼 천천히 걸으며 마음공부를 하여보자. 왼발 들어 앞으로 내려 바닥에 닿은 느낌을 알아차리고 다시 오른발 들어 앞으로 내려 바닥에 닿는 느낌을 알아차리고를 반복하며 걷고 또 걸어라.

엄마의 마음으로 아장아장 걸어나가는 자기의 걸음을 지켜보라. 아기가 걷다가 넘어지면 일으켜 세워 다시 걷게 하고 아장아장 구령도 붙여주듯이 자기 걸음에 구령을 붙여가며

부처님의 빈손

걸어 봐라.

엄마의 마음은 아기의 움직임에서 잠시도 떠나지 않고 함께 한다. 아기의 움직임을 챙기고 또 챙기며 아기 혼자 걸을 수 있도록 아기의 눈이 되어 움직임을 살피듯이

자기 걸음걸음을 살펴라.

엄마는 천 개의 손, 천 개의 눈, 천 개의 귀, 천 개의 코, 천 개의 입, 천 개의 몸으로 아장아장 걸음마를 배우는 아기를 보살핀다.

엄마란 깨어있는 마음이며 어둠을 밝히는 빛이며 금강같이 단단하고 예리한 보검이니 더도 말고 한 자루만 있어도 어지럽고 험난한 세상을 살아가는데 두려울 것이 없다.

그 어떠한 괴로움, 외로움, 불안함, 힘듦도 다 쳐부수고 녹여내고 일체의 장애물을 무너트리며 세상에 물들지 않고 맑고 밝은 나로 살아 있게 한다.

나는 누구인가? 자기의 정체를 바로 알아야 한다. 내가 바로 '엄마'이며 세상에서 가장 강하고 위대한 존재이며 천지간에 오직 홀로 당당히 존재하는 독존자獨尊者인 것이다.

나 홀로 당당히 홀로서기가 가능할 때 머무는 곳곳마다 그곳의 유익을 남겨주는 주인이 되어 살아 있을 수 있는 것이다.

방 안, 사무실, 공원, 운동장, 길거리에서도 길이 있는 곳이면 그 어디라도 나의 정체를 확인할 수 있는 수행의 현장이다.

왼발 들어 앞으로 내려 바닥에 닿은 느낌을 알아차리고 다시 오른발 들어 앞으로 내려 바닥에 닿는 느낌을 알아차리고를 반복하며 걷고 또 걸어라.

자기가 세상 모두를 천 개의 눈과 천 개의 귀와 천 개의 손으로 살피고 챙기는 엄마가 되어 세상 속에 살아 있음을 알게 될 것이다.

♨ 명상문

그대 이름은 바람입니다. 그냥 지나가는 바람입니다. 그러니 자취를 찾는다고 흔적이 있을 리가 없으니 애써서 기억을 되살리려 말고 맘대로 상상하지도 마십시오.

우리 인생도 바람처럼 왔다 바람처럼 살다가 바람처럼 사라지는 것일 수도 있습니다. 그래서 "그대 이름은 바람 바람 바람, 왔다가 사라지는 바람, 날 울려 놓고 가는 바람…"이라는 유행가 가사도 있는 것이겠지요.

늙은 개는 죽음이 다가오면 어느 날 어디론가 바람처럼 사라져서 삶의 마지막을 홀로 정리한다고 합니다.

그 누구든지 삶의 마지막이 되면 예고도 없이 바람처럼 죽

부처님의 빈손

음이 찾아옵니다. 이 땅의 소풍을 마치고 떠나는 모든 님들 앞에 향 한 자루 사르며 "생이란 바람이었습니다. 바람처럼 오셨다 바람처럼 가시는 바람이었습니다. 이 세상 소풍을 마치고 떠나는 그 마음, 바람처럼 가볍게 하여 극락으로 향하소서!"라고 말해 드리고 싶습니다.

뛰어가는 그대에게

뛰지 말고 걸으세요. 아주 천천히 걸으세요. 그 걸음이 멈출 때까지 걷고 또 걸으세요.

그대 숨 헐떡이며 어디를 향해 그리도 정신없게 뛰어가는가? 그대가 뛰어가는 그 끝이 죽음이 기다리고 있다는 것을 모르는가?

살기 위해서 낮밤 안 가리고 뛰었건만 죽음 앞에 서게 되는 당신을 상상해 보라, 얼마나 황당한 일이 아니리오!

그대 먹고살기 위해 또한 살아남기 위해서 죽기 살기로 용을 쓰며 마치 밀림 속의 왕자인 사자처럼 소리 지르며 위엄을 과시하지는 않았던가?

먹고 싶은 먹잇감은 닥치는 대로 달려들어 목을 물고 숨이 끊어지도록 잔인하게 굴지는 않았던가? 누구든지 자기 영역에 들어서면 인정사정없이 쫓아가 성난 발톱으로 얼굴을 긁고 톱니 같은 이빨로 온몸을 질근질근 물어뜯지는 않았던가?

최상위의 포식자가 되어 누구든지 신경을 거슬리게 하는

부처님의 빈손

자는 잔인하게 짓밟는 사자처럼 되고 싶은가? 탐욕과 성냄과 어리석음의 상징인 사자가 되고 싶은가?

붓다는 동물성인 탐진치貪瞋癡의 중독에서 벗어나서 사자와 정반대 방식으로 살다 가셨다. 소유로서 자신의 안전과 생존을 지키려 하지 않고 모든 것을 소유하지 않는 방식으로 사셨다.

물질이란 소유할수록 마음을 가난케 하고 마음이란 비울수록 마음이 풍요한 길을 열어준다.

그러므로 가난뱅이가 되려면 탐욕을 부리고 풍요한 자가 되려면 탐욕을 버리면 된다는 수수께끼 같은 역설이 생기는 것이다.

몸에 가벼운 천 하나 걸치고 맨발의 여행자가 되어 밥그릇 하나 들고 흙길을 걸어가는 붓다를 상상해 보라!

그의 몸에 걸쳐진 천 하나 속엔 우주가 깃들어 있고 빈 밥그릇 속엔 천하 사람들의 수많은 괴로움과 희망들이 차고 넘쳐나고 있는 것이다. 붓다의 한 걸음 한 걸음 그대로가 감동스런 한 편의 드라마인 것이다.

부처님의 빈손

설령 당신이 붓다가 되지는 못한다 해도 붓다처럼 맨발로 걸어볼 기회를 한 번만이라도 가질 수 있다면 당신의 마음속에 커다란 변화가 일어날 것이다.

집안이나 사무실 같은 실내공간도 좋고 길거리나 동네 산책길도 좋다. 발로 걸을 수 있는 곳이라면 설사 몸이 갇혀 세상과 단절된 교도소 안이라도 상관없다.

계속 걸으며 걷고 있는 자신의 몸을 지켜보라. 두 발이 지구라는 별 위를 걷고 있는 자각이 일어나게 될 것이다. 한 발 한 발 내디딜 때마다 잠들어 있던 우주가 잠에서 깨어나며 신비의 문을 활짝 열어서 나의 걸어 들어옴을 축복하며 힘차게 끌어안아 줄 것이다.

오늘이 마지막이요 새로운 시작

🪷

　오늘이 삶의 마지막 날이라 여기며 행동한다면 진실한 자기와 만나게 될 것이다. 가장 진실한 모습으로 주변에 다가서는 자기를 발견하게 될 것이다.

　갓 태어남도 축제요, 살아가는 순간순간도 축제요, 삶을 마무리하는 죽는 순간도 축제이다. 세상을 끝내는 순간에 이른다면 아무리 진귀한 보물이라도 무슨 의미가 있으며 탐낼 것이 있으랴!

　죽음 앞에 서면 누구나 인생사가 부질없음을 깨닫고 잠시 후면 두 손에 꽉 쥔 모든 것을 놓고 떠나게 됨을 알게 된다.

　오늘이 생의 마지막 날이라 여긴다면 하루 동안이라도 욕망을 비운 무소유한 마음 가운데서 행해지는 진정眞情한 자비의 실천을 가능하게 할 것이다.

　살아 있는 동안 기쁜 마음으로 살고 싶다면 매일 잠자리에 들 때 이 세상에 마지막 작별을 고하는 심정으로 눈을 감아라.

부처님의 빈손

그리고 아침이 되어 기적적으로 눈이 뜨여진다면 다시 하루가 주어진 것을 감사의 마음으로 시작하여라. 눈에 보이는 그 무엇이든지 소중하지 않은 것이 있을까? 1분 1초의 시간이 귀하고 목숨이 귀함을 알 것이다.

무소유란 생명의 본질이며 세상에 때 묻지 않는 참 나의 마음이며 자신의 모든 것을 세상을 위하여 내놓는 모성母性이다. 당신이 무소유의 의미를 안 순간부터는 엄마의 길을 가게 될 것이다.

어떤 길이든지 당신은 그 상황에서 생각하고 말하고 행동함이 엄마의 마음으로 하고 있을 것이다.

🪨 명상문

지금 걷는 이 길이 내일이면 더 이상 걷지 못하는 것처럼 여기며 아주 천천히 걸어가 보라.

지금 먹고 마시는 이 음식물이 내일이면 다시는 먹고 마시지 못하는 것처럼 여기며 먹고 마셔보라.

지금 바라보는 가족을 내일이면 다시는 보지 못하는 것처럼 여기며 대하여 보라.

지금 드리는 기도가 내일이면 다시는 드릴 수 없는 것처럼 여기며 기도하여 보라.

지금 베푸는 선행이 내일이면 다시는 베풀 기회가 오지 않는 것으로 여기며 베풀어 보라.

아주 천천히 걸어보라. 회복기에 든 환자가 걷기 연습을 하듯이 백 일된 아기가 걷기 연습을 하듯이 아주 천천히 걸어가 보라.

걷는 명상이란 세상에 갓 태어난 아기의 마음으로 돌아가는 매우 평화롭고도 상쾌한 기분을 주는 행위이다. 모든 사람이 알아채지 못하는 가운데 그들의 마음 깊숙이 들어가고 세상이 모르는 가운데 세상 깊숙이 걸어 들어가는 신비로운 발걸음이다.

마치 사랑하는 연인을 첫눈에 반하여 자기를 잃어버리고 그에게 빠져들어 황홀한 기분을 체험하는 것 같기도 하다.
아기는 자기 욕심을 채우고 자기감정을 충족시키려고 또 다른 나들을
때리거나 목숨을 해치지 않으며

부처님의 빈손

훔치거나 빼앗지 않으며

성적인 강제를 가하지 않으며

거짓으로 자기 이익을 추구하지 않으며

술 취하여 피해를 주지 않는다.

아무리 흉악범이라도 자기가 사랑하는 사람을 해치지 않는 것은 아기의 천진스런 마음이 작용하기 때문이다.

갓 태어난 아기의 얼굴과 눈동자는 세상 근심이 없는 천사의 모습이다. 가진 것이 하나도 없어도 숨 쉬는 것만으로도 웃을 수 있다. 그래서 아기가 걷듯이 천천히 걸어가는 걷기 명상은 영원히 한 살의 마음에 멈춰져 있게 한다.

나를 사랑하기에

내가 사는 이유는 나를 사랑하기 때문입니다. 나는 세상에서 단 하나뿐인 소중하고 귀한 존재이며 누구도 내 행복이나 불행을 대신해 줄 수는 없습니다.

이름 없는 길거리 노숙자나 유명한 그 어떤 사람과도 자신을 비교할 필요가 없습니다. 자기란 존재는 처음부터 그 무엇과도 비교가 허락되지 않는 절대적인 존재로 시작하였습니다.

자기의 길을 걸어가며 자기 색깔에 충실한 삶을 살아가야 사회적으로 인정받고 성공 가능성이 높아지며 행복한 마음으로 계속 자기를 사랑할 수가 있습니다.

부처님의 빈손

자기를 소중히 여기는 마음이 자기를 사랑하는 행동의 시작입니다. 자기를 사랑한다는 말 속에는 자기에 대한 소중함, 미안함, 감사, 격려, 챙김 등이 포함되어 있으며 이 모두는 자신을 사랑하기 때문에 일어나는 감정, 생각, 행동들입니다.

　자기에 대한 사랑이란 자기에 대한 집착에 함몰되는 것이 아니며 진정으로 자신의 마음을 살리고 이웃과 세상을 살려 나가는 모두가 함께 행복해지는 삶의 길입니다.

살아 있다는 것

🪷

살아 있다는 것은 길을 걷다가 어젯밤 비바람에 떨어져 있는 낙엽이 아직 푸른색을 지녔기에 밟으면 아파할까 봐서 발걸음을 돌려 옆으로 지나가는 것.

살아 있다는 것은

길가에 이름 모를 잡풀이라도 소중히 여기며 따뜻한 눈빛을 보내는 것.

살아 있다는 것은 길을 걷다가 길옆에 수북이 쌓여있는 흙더미에서 바람에 휘날려오는 흙내음에 마음이 배불러 오는 것.

살아 있다는 것은 꺾인 갈대라도 아직 땅바닥에 쓰러지지 않았다면 안타까운 마음에 일으켜 세워보는 것.

살아 있다는 것은 함께 살아가는 또 다른 나들에게 욕하거나 죽이거나 훔치거나 빼앗거나 추행하거나 거짓말하거나 술 취해 행패 부리는 짓을 하지 않는 것.

살아 있다는 것은 어떠한 상황과 마주하던지 마음의 평정

부처님의 빈손

심을 유지하려 노력하는 것.

누군가 내게 삶이 무엇이냐 묻는다면 난 살아있기에 산다고 대답하리. 또 누군가가 어떻게 살아갈 것이냐고 묻는다면 살리는 것만 생각하고 말하고 행동하리라 말하리.

앞이 보이지 않는다고 실망하지 말고 어두워 문이 보이지 않는다고 불안해 말고 희망의 촛불 한 자루를 켜는 것이 더 낫다.

공든 탑은 결코 무너지는 법이 없으니 그 결과는 어떤 모습을 하고서라도 꼭 자기에게 되돌아온다.

기도를 하거나 사회적 선행을 실천한 결과는 서둘러 확인하려 말고 하던 일을 정성껏 하다가 보면 어느덧 자기 주변이 밝게 되어 있음을 알게 될 것이고 바람은 하나였으나 많은 결과가 만들어져 있음을 알게 될 것이다.

♨ 명상문

만물은 저녁이 되면 깊은 휴식에 들어 피로를 풀어내고 재충전의 시간을 갖습니다. 물은 가장 높은 곳에서 비로 내려 대지 위를 흐르다 낮은 곳을 찾아 흐르고 흘러 지구에서 가장 낮은 곳인 바다에 머물며 깊은 휴식에 들어갑니다.

부처님의 빈손

물은 존재의 시발점이며 마지막 지점이기도 하는 생명을 낳고 기르는 자궁입니다. 밤에 이루어지는 제로섬 게임은 생명활동에 필요한 에너지를 재충전케 하고 낮 동안의 활동에서 얻어진 정보를 깊이 저장하기도 하며 대대손손 이어가게 하는 생명창조도 밤의 역사 속에서 이루어지는 것입니다.

바다가 마르는 것은 생명의 원천이 사라진 것을 의미하며 자궁이 마르는 것 역시도 생명창조가 불가능하게 된 것이 됩니다. 영혼의 구원이나 마음의 해탈도 물을 떠나서는 불가능한 상황이 됩니다.

몸의 70%가 물로 되어 있고 지구도 그러합니다. 문명의 발생도 반드시 물줄기를 끼고 이루어지며 사람이 사는 크고 작은 마을은 반드시 물을 인접하고 이루어지는 것입니다.

물은 창조의 온천이며 완전한 휴식을 가능케 하는 것으로 건강과 수명에 큰 영향을 미치며 스트레스를 풀어내고 피로를 회복하며 마음의 평정을 유지하는 데도 꼭 필요합니다.

열대야가 심한 여름날 밤에 잠을 설치며 몸을 뒤척거리는 것도 수분이 과도하게 부족하기 때문에 몸과 맘의 균형이 깨져서 그런 것이니 물을 충분히 마시도록 해야 합니다.

가을이 되면 나뭇가지에 수분이 뿌리로 내려가면서 마른 나무가 되어 갑니다. 사람들은 늙어가면서 몸이 수분 부족 상태가 되어 피부만 늙어 쭈그러드는 것이 아니라 뇌와 몸 내부의 내장들도 쭈그러들며 물 부족상태가 됩니다.

물은 요단강에서 물세례를 받는 의식을 하거나 갠지스강 물에서 목욕을 하면 죄를 씻고 죽어서 하늘나라에 간다는 종교적 신성함으로까지 발전하여 왔습니다.

물을 마시면 스트레스가 풀리고 피로가 회복되며 화는 다스려지고 불면증에서 벗어나게 되며 수행 중에 발생한 상기 증세를 다스려줍니다. 그리고 물을 마시고 난 뒤에는 가볍게라도 걷는 시간이 필요합니다.

몸의 움직임이 물을 빨리 세포 속으로 흡수되도록 돕기 때문입니다. 물을 마시고 걷게 되면 마치 봄날에 가지마다 오른 물이 봄바람에 흔들거리면서 나뭇가지 끝까지 오르며 잎을 무성하게 만들듯이 우리 몸도 물이 오르는 봄의 상태로 만들 수 있기 때문입니다.

부처님의 빈손

그러므로 매일 자리에서 일어나면 생명의 원천인 물 한 컵을 마시는 걸로 하루를 시작하고 하루의 일과를 마치고 잠자리에 들기 직전에도 물 한 컵을 마시는 것을 습관화하는 것도 건강과 수명을 관리하고 마음의 안정을 취하는 데 매우 도움이 되니 그렇게들 해 보시길 바랍니다.

내게도 가을이 찾아왔나 보다

가을이면 으악새가 슬피 운다 하는데 어찌 으악새 뿐이랴,
온 산천이 몸을 뒤틀며 외롭고 슬픔을 온몸으로 쥐어짜 내듯
울어 댄다.

내게도 가을이 깊숙이 찾아들었나 보다. 심장은 뜨거운 피
대신 슬픔을 뿜어내는 듯 온몸을 흔들어 댄다. 자연의 질서에
따라 느끼는 자연스런 반응일 것이다.

오늘 산책을 마치고 돌아오는데
왜 이리 눈에 들어오는 모습들은 슬픈가?
왜 이리 귀에 들려오는 소리도 슬픈가?
왜 이리 코로 들어오는 공기 느낌이 슬픈가?
왜 이리 팔과 다리의 움직임이 슬프게만 느껴지는가?
왜 이리 일어나는 생각들이 슬프기만 하는가?
시원한 생수 한잔 들이키며 마음을 진정시켜 본다. 나이가

부처님의 빈손

들어갈수록 느껴지는 가을에 대한 감정이 이런 것인가 보다.

잠시 깨어 있는 마음 상태에서 벗어나 한눈을 파는 사이에 거센 감정의 소용돌이 속에 휘말려 들어가 크게 목 놓아 울 뻔했다. 아니 울고 또 울고 싶었다. 생로병사의 흐름을 따라 사라져 가는 인생은 슬플 수밖에 없는 것이다.

지금껏 힘들게 살아왔다. 하늘에 이 한마음 의지하며 참으로 외롭게 살아 나왔다. 세상에 의지할 것도 의지할 사람도 없었으나 수행자로선 다행이었다 생각 한다.

힘들고 외로운 인생길에 부처님을 부르짖다가 깨어있는 마음을 배웠으니 참으로 행복한 인생길을 걸어가고 있다고 생각한다.

사람들은 자기 생각대로 감정대로 안 되면 괴롭다고 한다. 그런데 생각과 감정은 대상이나 상황이 있는 것이다.

그러므로 괴로움에서 벗어나기 위해서 대상과 멀리하고 상황에서 도망치고 감정을 억제하려고 한다. 그렇다고 괴로움에서 벗어날 수 있는 것이라면 그렇게 해서 해결을 하면 되지만 인생사에는 그렇게 해서 해결되지 않은 문제들이 너무나 많다.

괴로움은 현실의 문제에서 발생하는 것이니 이를 해결하는

쪽으로 접근해야 한다. 설사 영혼을 구원받았다 해도 마음을
해탈하였다 해도 여전히 자신의 현실은 몸을 가지고 괴로움
의 상황 속에 있는 것이다.

　괴로움이란 생각하는 기준과 바라는 방향이 다르기 때문에
생긴다. 예를 들어 태양은 동쪽에서 떠서 서쪽으로 지는데 왜
서쪽에서 떠서 동쪽으로 지지 않느냐고 고집한다면 괴로움이
시작된다.

　　　　　　　　　　　　　부처님의 빈손

이때는 사실대로 인식하면 해결되거나 아니면 태양 대신 달을 대상이나 기준으로 잡으면 해결된다. 달은 서쪽에서 떠서 동쪽으로 지기 때문이다. 사실에서 벗어난 잘못된 자신의 생각을 바로 잡거나 아니면 정반대의 관점에서 생각을 하게 되면 해결된다.

자신의 생각은 그대로 고집하면서 신이나 부처님에게 이를 해결해 달라고 매달린다고 해결될 일이 아니다. 크고 작은 현실의 괴로움은 개인 간의 갈등에서 나라 간의 전쟁으로까지 이어지고 있다.

비우고 내려놓고 하는 것은 상대를 바라보는 관점을 수정하라는 것이다. 관계없는 일이라 하여 무관심하고 눈 감고 귀 막고 살라는 것이 아니다. 생각이 잘못되면 번뇌와 망상이 되고 사실에 맞게 되면 지혜가 되는 것이니 마음이 잘못되면 괴로움이 되고 사실에 맞으면 즐거움이 된다.

아무 생각 없이 무관심하게 세상을 바라보라는 것이 아니라 있는 그대로 일어난 그대로 낱낱이 세상을 바라보라는 것이니 이것이 지혜이다.

'비우고', '놔버리라'는 것은 사실에 맞게 이해하고 말하고 행동하라는 것이다.

눈 감고 귀 막고 자신이 마주하는 대상과 자신이 살아가는 현실에 무관심하라는 것이 아니다. 생각하는 기준과 방향을 바꾸면 괴로움이 소멸되게 된다.

🪨 명상문

먹던 음식 그릇들을 3일만 설거지를 하지 않고 싱크대에 쌓아 놓으면 어찌 될까요? 매일 닦는 이를 3일만 칫솔질을 안 하면 입안이 어찌 될까요? 몸에 끼는 때나 입고 다니는 옷이나 거처하는 집도 3일만 방치하면 때가 끼고 먼지가 수북하니 쌓입니다.

스님들은 3일만 염불을 않으면 목에 가시가 돋는다고 합니다. 몸과 맘의 움직임을 관찰하는 수행자는 3일만 챙기지 않으면 잡념과 망상이라는 온갖 잡초가 마음속을 점령해 버립니다.

그래서 부처님께서는 "백 년 동안 탐한 재물 하루아침에 티끌이요, 3일 동안 챙긴 마음 천 년 동안의 보배이다."라고 하신 것입니다.

부처님의 빈손

기력이 있을 때 돈도 벌고 마음공부도 하고 여행도 다니고 사회봉사도 하고 사랑도 나누며 살아야 합니다. 돈 벌어서 나중에 좋은 일 하겠다는 사람은 결국 하나도 못하게 되기 쉽습니다.

욕심부리는 습관은 힘이 빠지고 정신 줄을 놓아야 끝나기 때문에 집 문턱 지나갈 힘만 있으면 포기 없이 욕망을 좇는 불나방이 바로 자기의 모습인 것입니다. 그러므로 하고 싶은 것이 있으면 지금 당장 작은 것부터 하나씩이라도 시행해야 합니다.

많은 것을 한꺼번에 하려 말고 천 리 길도 한 걸음부터라고 하듯이 이왕 할 일이라면 미루지 말고 하나씩이라도 시행해야 합니다.

복 짓고 행복할 일을 미루지 마라

말이 씨가 된다는 말이 있다. 그런가 하면 마음씨를 곱게 가져야 예뻐진다고도 한다. 마음씨

말씨

솜씨 등 정신이나 마음이나 말이나 행동 하나하나가 자신의 삶을 지배하는 운명의 씨를 뿌리는 것이 되니 농담이라도 함부로 말을 하면 안 된다 할 것이다.

스님들은 공양시간에 공양을 먹을 수 있게 해주신 수많은 분들의 수고에 대하여 기억하며 감사한 마음을 가지며 더욱 더 열심히 수행 정진하여 마음을 깨쳐서 한 끼의 식사를 가능하게 하신 분들의 은혜를 반드시 갚겠다는 마음으로 감사의 기도문을 읽는다.

세상살이를 하다 보면 알게 모르게 신세를 지며 살아간다. 어느 날 도반스님 한 분이 찾아와서 차담을 나누다 돌아가는 길에 차비를 좀 드렸더니 남의 건물에 세를 내며 포교당을 운

부처님의 빈손

영하는 내게 미안했던지 이 빚을 이 생에 못 갚으면 다음 생에라도 꼭 갚겠다고 하신다.

"이 사람아! 말이라도 그런 말 하지 마시게나 자네가 죽어 천상에 태어날지 아니면 사람 아닌 짐승으로 태어날지 어떻게 알아서 그런 말을 하는가? 이 생에 사람 몸 받아 왔으니 반드시 마음을 깨치고 말겠다는 각오로 열심히 정진을 해야지"라고 했더니

"그거야 그렇지만 이것 한두 번도 아니고 올 때마다 신세를 지니 미안해서 하는 말이라네"라고 한다.

인간은 빈손으로 태어나 죽을 때는 빈손으로 죽는다고 하는데 살아 있는 동안은 수많은 분들에게 신세를 지며 살아가는 것이다.

조상과 부모님께

형제자매에게

자식에게

친구와 동료에게

이웃사촌에게

하늘의 천신들과 부처님께

과거 현재 미래의 무한대한 시간 속에서 많은 분들에게 신

세를 지고 사는 것이다.

그 은혜를 갚으려면 헤아릴 수 없는 시간이 필요할 것이다. 말 한마디에 천 냥 빚을 갚는다는 속담이 있듯이 진정으로 감사한 마음을 평생 잊지 않고 살아야 할 것이다.

알고 보면 오는 정 가는 정으로 돌고 도는 인생사이니만큼 언젠가는 상대에게 내가 은혜를 베풀었던 시간이 있을 수도 있고 하는 것이니 은혜를 입고 은혜를 갚고 다시 은혜를 베풀고 사는 것이 삶이니 매사에 감사하는 마음으로 살아야 할 것이다.

돈이 없고 물질이 없다 하여 은혜를 갚을 길이 없다 하지 말고 복을 지을 것이 없다고 하지를 말아야 한다. 만나는 사람들에게 불쌍한 마음을 갖고 잘 되기를 바라고 따뜻한 말 한마디라도 건네는 것도 은혜를 갚고 복을 짓는 것이다.

부처님의 빈손

🪨 명상문

"부처님과 관음지장보살님! 저를 인도하시고 지도하시고 보호해주셔서 고맙습니다.

선생님들이시여! 저의 어리석음을 깨우쳐 주시고 살길을 열어주셔서 고맙습니다.

부모님이시여! 낳고 길러줘서 고맙습니다.

형제여! 이 생에 함께 할 수 있어서 고맙습니다.

여보! 함께해줘서 고맙습니다.

애들아! 그만큼이라도 해줘서 고맙구나.

친구들아! 이 생에 친구로서 함께 할 수 있어서 고맙구나."

매사에 감사의 마음을 일으키고 매사에 잘 되기를 축원하며 살아가야 합니다. 감사하다는 말 한마디에 천 냥 빚을 갚고 한 생각 알아차림을 통하여 서로를 힘들게 하는 마음속에 맺힌 업장을 풀어가면서 너와 나의 만남을 통해 괴로움을 벗어나 평화로운 길로 나아가야 합니다.

자극과 반응, 해석과 행동

🪷

아는 지인이 건강검진 결과 폐암 2기 판정을 받고 낙심하여 앞으로 어떻게 살아가야 할지 모르겠다고 긴 숨을 내쉰다.

폐암인 줄 모르고 잘만 살아왔는데 폐암인 줄 알았다고 잘 못 살 게 뭐 있느냐고 반문하니 "차라리 모르고 사는 것이 좋았을 것이다."라고 하신다.

어리석은 사람은 모르고 살 때는 걱정이 없다가 알게 된 후로는 걱정하며 사는데 깨어있는 사람은 몰라도 괜찮고 알아도 괜찮은 삶을 사는 것이다. 지혜는 모든 괴로움에서 벗어나 주어진 상황을 최대한 이용하며 자기에게 플러스가 되는 방향으로 행동하게 한다.

화창한 봄날이면 산이나 들로 나가 바람을 쐬고 비가 내리면 우산을 쓰고 걷고 낙엽이 지면 시를 읊거나 노래를 하고 찬바람이 불면 군고구마에 따뜻한 차 한 잔 마시는 마음에 여유가 있는 삶을 살아야 한다.

부처님의 빈손

안개가 끼었다고 탓하고 비가 내린다고 탓하고 낙엽이 떨어진다고 탓하고 찬 바람이 분다고 탓하기보다는 주어진 상황 아래에서 자신이 할 수 있는 일을 찾아서 하면 되는 것이다.

불가능한 상황을 가능한 상황으로 해석하고 그 속에서 자신의 할 일을 찾아서 그냥 하면 된다. 열심히 자고 열심히 일어나고 열심히 공부하고 열심히 일하고 열심히 연애하고 열심히 걷는 것이 아니라 졸리면 자고 눈뜨면 일어나고 공부시간에는 공부하고 일하는 시간에는 일하고 연애할 때는 연애하고 걷게 되면 걷고 휴식시간에는 쉬면 되는 것이다.

흐르는 물은 애를 쓰며 흐르지 않고 물길 따라 그냥 흘러가는 것이다. 소가 풀을 힘써 먹는 것이 아니라 그냥 먹는 것이다.

인간은 어떤 조건이나 상황 아래에서도 괴롭지 않고 평화롭게 마음을 유지할 수 있고 마음에 여유를 가지고 즐겁게 살 수 있는 것이다.

몸이 건강하다고 행복하게 살고 불편하다고 불행하게 사는 것이 아니다. 주어진 상황을 자기에게 이익 되게 해석하고 활용하면 주어진 상황 속에서 주인공으로 살고 자기에게 불리하게 해석하고 맞서서 산다면 괴로움을 사서 하는 상황의 종이 되어 버린다.

행복도 불행도 내가 만드는 것이니 언제나 주어진 조건을 이해하고 나를 위해서 활용할 수 있는 삶을 살아야 한다.

어차피 죽어야 할 상황이라면 그 죽음까지도 나에게 유익하게 해석하고 받아드리며 평화로운 마음으로 받아들일 수 있어야 한다.

나를 행복하게도 불행하게도 만드는 존재는 오직 나 이외엔 존재하지 않는다. 오직 나만이 모든 괴로움에서 날 구원시키고 해탈시킬 수 있을 뿐이다.

🪨 명상문

깨달음을 얻은 성자들은 하늘나라나 죽어서 간다는 저승이 우리가 사는 세상과 별개로 우주 어느 공간에 있는 것이라는 이야기를 한 것이 아닙니다.

괴롭고 우울하고 화나는 마음의 현실이 초탈한 마음 가운데에 있음을 강조한 것입니다. 그래서 예수님은 "아버지는 여기 있다 저기 있다 할 수 있는 것이 아니라 너희 마음속에 있다"고 하신 것이며 불교에서는 "일체 현상은 오직 마음의 조화"라고 하는 것입니다.

그 누군가로 인해서 괴롭고 힘들고 우울하고 화난다 해서

부처님의 빈손

그러한 사람을 떨쳐내 버리면 되는 걸까요?

직장생활이 너무 힘들다고 퇴사해 버리면 되는 걸까요?

자식이 힘들게 한다 해서 자식과 인연을 끊으면 되는 걸까요?

몸이 병들어 아프다 해서 몸을 버려버리면 되는 걸까요?

세상을 등지고 자기와 상관없는 것으로 여겨 인연을 끊어버리면 되는 걸까요?

일체의 현상은 오직 마음이 만들어내고 괴로움의 문제 역시나 마음에서 해결해 내야 하는 것입니다.

등을 돌려 보지 않는다 해서 해결되는 것이 아닙니다. 온전

한 괴로움의 해결은 수행을 통해서 문제를 현실적으로 직접 해결해 내야 합니다.

현실에서 문제를 직접 해결해 내야 하는 것은 우리가 하나의 삶을 살고 있는 동체同體이기 때문이며 그래서 이웃을 '내 몸같이'가 아니라 '내 몸'이라 여기며 사랑해야 합니다.

이웃이 곧 내 몸이라는 것은 이웃에 근거하여 내가 살아 있고 나를 근거해서 이웃이 살아 있기 때문입니다.

수수만겁의 시간의 흐름 속에서 지구를 수없이 드나들며 맺어진 인연 속에 어머니가 아닌 사람이 없을 것입니다. 그 은혜를 생각하며 모든 사람을 대하며 할 수 있는 일을 하며 살아야 합니다.

즐거운 일과 함께하며 슬픈 일은 나누면서 괴로움이 없는 세상이 되도록 작은 힘이나마 보태며 살아가야 합니다.

부처님의 빈손

믿는 자에게 복이 있나니

성인의 가르침인 자연의 이치는 불변하는 진실인 것이며 이를 감사하는 마음으로 받아들이고 이해하고 실행하면 괴로움을 벗어나고 건강과 물질적인 풍요의 복을 가져와 준다는 것을 알아야 한다.

불법에 "오는 인연 막지 말고 가는 인연 붙들지 말라"고 했다. 모든 것은 정해진 대로 흘러가는 것이니 때가 되면 올 것은 오고 갈 것은 간다. 얄팍한 술수를 부리고 억지를 부린다고 자신이 바라는 대로 되는 것만은 아니다.

자신의 깨끗한 마음을 믿어라. 주변의 시선에 흔들리지 말고 어깨 펴고 당당하게 살아라. 뿌리는 대로 거두는 것이 자연의 이치라는데 이 얼마나 위로가 되고 용기가 생기고 희망이 있는 말씀인가.

철학자 스피노자는 "내일 지구의 종말이 온다 해도 나는 오늘 한 그루의 사과나무를 심겠다."고 했다. 종말이 오게 되어 있으면 내 의지와 상관없이 오는 것이다. 설사 지구의 종말이 와서 천지가 무너져 내린다 해도 심은 한 그루 사과나무 열매에 해당하는 가치는 반드시 내가 거둬들이게 되어 있다.

흔들리지 말고 성인이 전해주신 괴로움을 멀리하고 복을 받게 하는 행복한 삶의 말씀을 자신에게 적용하여 살아가면 오래지 않아서 괴로움은 끝이 나고 희망이 생긴다.

"하늘이 무너져도 솟아날 구멍이 있다"고 하지 않던가? 뿌린 대로 거둔다는 말씀을 확실히 믿고 정직하게 살다 보면 괴로움이 끝이 나고 즐거움이 생긴다. 반드시!!

♨ 명상문

풀어야 할 맺힌 마음을 한恨 또는 업業이라고도 한다. 살아서 풀어내지 못하면 죽어서라도 풀어내려고 자손을 찾아오던가 아니면 다시 윤회하여 자신이 직접 풀어내게 되어 있다.

땅에서 넘어진 자는 땅을 짚고 일어나야 하는 것이므로 문제가 되어 있는 현장에 다시 출현하게 되어 있다. 그래서 원수는 외나무다리에서 만난다고 하는 것이다.

상대를 해롭게 하는 행위는 타인에게 피해를 주기 전에 자

부처님의 빈손

신을 자해하여 망가트리는 행위이며 상대를 돕는 것은 자신을 챙기는 것이 된다. 그러므로 선행이란 자기 자신을 위해서 상대에게 도움되는 행위를 하는 것이다.

자신의 존재 근거가 되는 또 다른 나들이 무너져 내리면 자신은 쓰러지고 마는 것이다. 자신이 똑바로 서기 위해서라도 또 다른 나들이 단단하게 서 있어줘야 하는 것이다.

그래서 살아가면서 만나게 되는 인연들은 내가 살아가야 할 이유를 던져 주는 것이니 소중한 인연으로 관리되어야 한다.

인연

산을 오를 때마다 볼을 스치고 지나던 바람의 인연들로,

아침마다 햇살로 비추며 다가온 인연들로,

호수에 고기 뛰어오를 때 내 시선을 머물게 했던 인연들로,

길을 지나다 나로 하여금 상냥하게 웃음 지으며 쳐다보게 했던 인연들로,

공원의 상큼한 공기되어 나로 하여금 숨 쉬게 했던 인연들로,

강창교 강변길을 걸을 때 물오리와 황새로 잠시 내 시선을 머물게 했던 인연들로,

214   부처님의 빈손

들판을 지나칠 때 이름 모를 잡풀과 들꽃으로 만났던 인연들로,

하늘에서 비와 이슬과 눈보라 되어 내리던 인연들로,

형형색색의 꽃으로 바구니에 담겨서 부처님 법단 위에 꽃 공양물로 올려질 때 스치던 인연들로,

그렇게 수많은 시간을 만나고 헤어지고를 되풀이하며 돌고 돌아서 내 앞에 나타난 소중한 인연들로 출현한 것이 지금의 당신과의 만남입니다.

당신이란 존재는 내가 수많은 시간 동안 수많은 경험들을 하게 한 존재들의 집합체입니다. 당신은 혼자가 아닌 수많은 존재들의 덩어리임을 알아야 합니다.

어떻게 사는 게 이익일까요

🪷

어느 분께서 결혼 후 수십 년간을 남편과 부딪치고 살면서 손해만 보고 사는 것이 억울한 느낌이 든다며 나중에라도 받은 대로 꼭 돌려줘서 자기가 겪은 괴로움을 알게 하고 싶다고 하신다.

손을 들어 허공을 친다고 무슨 반응이 있을 리가 없듯이 손바닥도 마주쳐야 소리가 나는 법이다.

서로 계산이 어긋나서 손해라서 더 이상 손해 보고 바보처럼 살지 않겠다는 이해타산 속에서 생기는 갈등이 인생사 대부분의 문제인 것이다.

두 사람 중에 한 사람이라도 손해를 감당하며 살겠다고 한다면 부딪힐 일이 없다. 상대에 대하여 아무런 기대를 갖지 않고 자신의 위치에서 주어진 일을 하고 살면 다툴 필요가 없어지고 만다. 그러나 서로 감정이 곤두서기 때문에 말 같이 쉬운 일은 아니다.

부처님의 빈손

어떤 경우에라도 자기 행복은 자기가 만들고 자기가 챙긴다
는 수행하는 마음가짐으로 산다면 꼭 어려운 일만은 아니다.

"지렁이도 밟으면 꿈틀거린다."고 하듯이 살아있는 생물이
란 건들면 자기 보호차원에서 격렬하게 반응하게 되어 있다.
수행자는 똑같은 상황이라도 즉각적인 반응보다는 주어진 상
황을 살피면서 서로에게 이익되는 행동을 선택하게 된다.
답 없이 절망적인 마지막을 향해 돌진하는 것이 아니라 냉
철한 현실 분석 위해서 서로 남는 장사를 하자는 쪽으로 행동
하는 것이 깨어있는 사람의 행동방식이다.

"아제 아제 바라아제 바라승아제 모지 사바하"

전생에 악연으로 만나진 것이라 해도 만남이란 소중한 것
이며 서로 만나서 정리하고 해결해야 할 숙제가 있는 것이다.
일방적으로 받기만 하는 사이는 존재하지 않으며 서로 주고
받으면서 관계가 이어지게 되어 있다.
때론 빼앗기는 것같이 때론 손해나는 것같이 힘든 상황에
처하여 억울하다고 분개하며 자기 상황을 거부하고 벗어나고
싶어도 한다. 그렇다 해도 이런저런 이유로 쉽게 결단하지 못
하고 힘든 상황을 이어가는 것이 대부분이다.

어떻게 사는 게 이익일까요

살다가 힘든 경우를 당하게 되면 "부처님! 제가 알게 모르게 지은 업보로 괴로워하고 있습니다. 지금 참회하오니 올바른 길로 안내해 주십시오."라고 기도하면서 108배를 7일간 해보자.

그래도 해답을 못 찾으면 21일간을 해보자. 그래도 해답을 못 찾으면 다시 49일간을 해보자. 분명 부처님의 인도하심이 있을 것이다. 분명히!!

🪨 명상문

얼마 전까지 맹렬한 추위가 몸과 마음을 움츠러들게 하더니 어느새 화사한 봄이 찾아온 것 같습니다.

자연의 움직임은 누가 시켜서 오고 가는 것이 아니라 '스스로 알아차리고', '스스로 움직이는 것'이니 그래서 '자연히'는 의도적인 노력이 배제된 채 '절로 저절로'로 움직이며 길을 만들어 나가는 것 같습니다.

자연이 스스로 길을 만들어 낼 때까지 얼마나 많은 시간 동안에 뼈를 깎고 뼈에 새기는 노력을 해 나왔을 것인가 하는 생각을 해 봅니다.

부처님의 빈손

그래서 자연이라는 뜻 속에는 어려움을 참고 노력해온 시간이 들어있고 숱한 시행착오를 거듭하면서 이루어 낸 고난 끝에 이뤄낸 성공적인 작품성을 지니고 있습니다.

어느 분께서
"스님! 마음공부는 언제까지 해야 하나요?"라고 물으시길래
"의식적인 반복 학습이 뼈에 사무치어 굳이 의식치지 않아도 자연적으로 될 때까지는 해야죠."라고 대답해 드렸습니다.

수행이란 자전거를 처음 배울 때처럼 두 손으로 핸들을 잡고 두 발로 페달을 쉼 없이 밟으면서 중심 잡기와 깨어 있음이 몸에 사무치고 마음에 사무쳐야 비로소 자전거를 원하는 대로 끌고 다닐 수가 있는 것과 같습니다.

마음공부는 반복 학습을 통해서 체지체능體智體能이 되어 내 공력이 깊어질 때 비로소 주어진 주제에 대하여 본질과 실상을 꿰뚫어 아는 힘이 발생하는 것입니다.

떨어지는 물이 견고한 바위나 쇠를 뚫어내는 것이니 서둘지 않고 꾸준히 생활 속에 공부의 방식이 녹아들도록 노력해 나가야 합니다.

그래서 부처님께서는 여덟 가지 길(八正道)과 여섯 가지 수행(六波羅密)의 방편을 제시하셨던 것이니 몸과 현실 생활이 배제된 공부는 내공력이 약하여 '십년공부 도루아미타불'이 되기 쉽습니다.

최고의 경지에 이른 사격선수는 이 세상 어느 하나도 표적이 아닌 것이 없으니 시선이 머무는 곳곳마다 과녁이 되고 절대음감을 지닌 음악가는 아무리 작은 소리도 놓치지 않고 감지해서 표현해 낼 수가 있는 것입니다.

그래서 빗소리, 바람 소리, 물소리, 눈보라 치는 소리, 웃는 소리, 우는 소리, 신음하는 소리, 개소리, 닭소리, 풀벌레 소리, 새소리 또는 깊은 침묵의 소리까지도 다 표현해 낼 수가 있습니다.

마음공부를 하는 사람에게는 세상만사 그 무엇이든지 수행의 주제가 되는 것이니 모두가 관심대상(예배)이요, 깨어 있으면 때와 장소에 상관없이 모두가 지혜(은혜)를 얻게 하는 방편이 됩니다.

즐거우면 즐거움을 확인하고 살짝 내려놓으면 넓은 허공으로 날아가 더 큰 즐거움으로 커져서 되돌아올 것입니다.

　괴로우면 괴로움을 확인하고 살짝 내려놓으면 넓은 허공으로 날아가 안개처럼 사라질 것입니다.

　우울하면 우울함을 확인하고 살짝 내려놓으면
넓은 허공으로 날아가 안개처럼 사라질 것입니다.

　화가 나면 화를 확인하고 살짝 내려놓으면
넓은 허공으로 날아가 안개처럼 사라질 것입니다.

　행복도 불행도 내가 만들고 내가 키우고 내가 사라지게 하는 것이니 행복과 불행한 감정을 자유롭게 사용하는 법에 숙달이 되면 어떤 상황 아래에서도 평화롭고 안락하게 살아갈 수 있을 것입니다.

손끝에 핀 연꽃

염화시중拈華示衆의 미소란 마음에서 마음으로 전해지는 말없는 가운데 의미를 주고받는 방법으로써 부처님께서 대중 가운데 서서 말없이 연꽃 한 송이를 들어 보이시며 알 듯 모를 듯 미소를 지어 보이시니 가섭이라는 제자가 그 의미를 알아채고 웃음으로 응답을 했다는 이야기이다.

하나의 생각이 일어나면 수많은 생각들이 꼬리를 물고 일어나서 '생각의 줄기'라는 에너지장을 만들어 내며 주변의 물질들을 당겨와 외양을 장식하기 시작하면서 구체적인 모양을 지닌 사물로 나타난다.

마치 자궁 안에 착상한 정자와 난자의 세포분열 운동이 탯줄을 통해서 산모의 영양물질을 끌어 당겨와 280일 동안 태아가 만들어지는 현상과 같은 것이다.

그리고 태아가 세상에 태어나는 첫 순간에 숨을 들이마심으로 삶이 시작되고 그 마지막에 가서는 맨 처음 들이마신 숨

부처님의 빈손

을 토해내면서 죽음을 맞이하는 것이니 무엇이든지 시작은 하나에서 비롯되고 그 마지막 또한 하나를 돌려놓는 것으로 마무리되는 것이다.

수행이란 맨 처음 일어나는 하나의 생각을 어떻게 처리하느냐의 문제이며 대부분은 좇아가거나 억제해서 희로애락이라는 파도에 휩쓸려 괴로움을 겪고 산다.

하지만 그 하나의 생각을 알아차리고 곧바로 놓아버려서 아무 일 없었던 듯 평온한 마음을 유지하는 것이 한 생각을 처리하는 방식이며 이것이 현실을 지혜롭게 살아가는 것이 된다.

🧘 명상문

주먹을 활짝 펴면 우주가 드러나 펼쳐지고 주먹을 쥐면 우주가 안으로 빨려 들어와 감춰지며 주먹을 펴고 쥐면 우주가 속살을 드러냈다 감췄다를 반복하게 되니 그러한 과정이 가위가 됩니다.

땅속에 파묻힌 씨알 하나가 땅을 뚫고 대지 위로 뻗어 올라와서 자신의 속살을 맘껏 펼쳐 보이다가 가을이 되면 단풍 꽃 축제를 마지막으로 들춰낸 모습을 감추는 모습 또한 가위바

위보의 이치이다.

연꽃 한 송이를 가지고 명상공부를 해보도록 하겠습니다. 눈을 감고 두 손을 앞으로 해서 가볍게 주먹을 쥐어 봅니다.

① 주먹을 쥔 모습은 연꽃이 몽우리를 하고 있는 모습입니다. 이제 주먹을 폈다 쥐다를 반복해 봅니다.

② 손가락을 쥐면 연꽃봉우리가 만들어지면서 우주가 감춰지고 손가락을 펴면 연꽃이 활짝 피면서 우주가 밖으로 드러남을 상상해 보세요.

③ 자~ 이제는 손을 무릎 위에 가볍게 내려놓습니다. 그리고 맘속으로 하늘과 바다와 산과 바위와 각종 나무들을 만져보고 안아도 보면서 자기의 품 안으로 들어와 있는 것을 느껴봅니다.

자기 품 안에 들어와 있는 것은 무엇이든지 자기의 또 다른 모습입니다. 이 세상에 있는 모든 것은 자기 아닌 것은 하나도 없습니다.

부처님의 빈손

손끝에 핀 연꽃

모든 것이 그럴 뿐이다

때가 되면 올 건 오고 갈 건 간다. 때가 되면 될 건 되고 안 될 건 안 되는 게다. 오직 모든 일을 '뿐'으로 여기면 점차 지혜가 생겨서 판단이 정확해지고 고생을 사서 하는 일은 차츰 줄어들게 될 것이다.

설사 판단 착오로 예상 밖의 결과가 생긴다 해도 담담히 견딜만한 힘이 생기는 것이다. 사람이나 돈이나 물질이나 올 때가 되면 오고 갈 때가 되면 가는 것이니 부처님께서 말씀하시길 "오는 인연 막지 말고 가는 인연 붙들지 말라"고 하신 것이다.

사람들은 복 받길 원한다.
유력한 부모 만나는 복
사랑 넘치는 배우자 만나는 복

부처님의 빈손

효심 깊은 자식 두는 복

화목한 형제 만나는 복

의리 있는 친구 복

존경스런 스승 복

병 없이 오래 사는 복

현금과 부동산을 많이 가지는 복

자는 듯이 죽는 복이다.

또한 죽어서 하늘나라에 가는 복

다음 생에 부귀영화를 누릴 팔자로 태어나는 복 등 수많은 복들을 받고 살길 원한다. 그러나 원하는 대로 되는 것은 아니며 복이 올 때가 있으면 갈 때도 있는 것이다.

복을 지으면 반드시 지은 주인을 찾아온다. 그러므로 복을 짓지 않고 복을 빈다고 복이 찾아올 리는 없으니 복을 받고 싶으면 먼저 지어야 한다.

복을 지으면 오라고 빌지 않아도 자연히 찾아오고 복이 다 하면 제발 머물러 있어 달라고 애원해도 떠나가는 것이다.

텔레비전을 통해서 어릴 적 함께 지내던 동물이 집을 떠난 지 수십 년이 되어서도 그 옛적의 주인을 만나면 반갑게 온몸으로 파고드는 광경을 본 적이 있을 것이다. 자신이 지은 업도 때가 되면 오지 말라고 해도 귀신같이 주인을 알아보고 달려드는 것이다.

그러니 살아가면서 어려움이 생길 때마다

"이 정도여서 다행이다. 정말~ 이 정도여서 다행이다. 부처님! 감사합니다."라고 생각하며 어려움을 교훈으로 삼고 뿌리는 대로 거둔다는 이치를 무겁게 받아드리며 만나는 모든 사람들과 함께 이익을 나누는 방향으로 삶을 살아가야 한다.

"매사에 감사합니다."를 주문처럼 자주자주 외워야 한다.

얻어도 잃어도, 되어도 안 되어도, 가도 와도, 사랑해도 미워해도, 아파도 안 아파도, 모든 것을 '뿐이다, 뿐!'으로 받아들이다 보면 반드시 얻는 것이 있다. 본인이 원하는 대로 결과가 주어지지 않았다 해서 손해난 것만은 아니다. 그 속에서도 얻는 것이 있다. 반드시!

🗿 명상문

오고 가는 모든 것을 단지 바람으로 여기세요. 돈이 오고 가면 돈 바람, 사람이 오고 가면 사람 바람, 물건이 오고 가면 물건 바람으로 여기세요.

그러면 혹자가 묻기를 인생을 무슨 재미로 사느냐고 할 것이다. 자신이 만나는 모든 것을 바람으로 여기며 잠시 인연

부처님의 빈손

따라 자기에게 머물다 지나가는 것으로 여기는 것에 습관이 들면 그 어떠한 대상이 없이도 자기 홀로 살아 숨 쉬고 있는 그 자체만으로도 불안치 않으며 평온한 가운데 즐거움이 있을 것입니다.

바람은 일어 이리저리 불며 돌아다니다가 결국엔 자취를 감추는 것이니 모든 만남을 바람으로 여기는 마음에 길들여지면 즐겁기 위해서 특별히 그 무엇을 구하지 않아도 됩니다.

단지 인연 따라서 자신의 수고로움을 필요로 하는 바가 있을 때에는 기꺼이 움직임을 주저할 필요는 없습니다. 사대육신四大六身이 바람으로 뭉쳐진 것이며 이 몸이 죽는다 해도 자연 가운데 바람과 함께 흩어질 뿐입니다.

모든 것이 그럴 뿐이다

이 모든 움직임(바람)을 바라보는 마음만은 죽지 않고 영원히 홀로 남아서 존귀한 것입니다. 그래서 이 생의 시작도 홀로였으며 이 생의 마지막도 홀로 가는 것입니다.

아닙니다, 홀로 오고 가는 것이 아니라 그냥 홀로 존재하고 있는 것입니다. 원래 혼자였던 것인데 잠시 인연을 지어서 드라마 같은 삶을 살다 돌아가는 과정인 것입니다.

그러니 아무것도 없는데 무슨 재미가 있겠는가 하고 궁금해 말며 아무것도 없이 홀로 있을 때 비로소 자신의 참모습을 발견하게 되며 웃음을 지을 수가 있습니다.

혼자 자고, 혼자 일어나고, 혼자 먹고, 혼자 걷고, 혼자 독서하고, 혼자 음악을 듣고, 혼자 그림을 그리고, 혼자 차를 마시는 것도 알고 보면 매우 상쾌하고 즐거운 일입니다.

홀로 있을 때 자신의 존귀함을 느끼지 못한다면 아무리 많은 사람과 함께 해도 자기 욕망이 채워지지 않는 굶주린 마음을 벗어날 수 없어 괴로운 것입니다.
마음이 온갖 잡생각으로 뒤섞여 있다면 손에 보석이 쥐어져 있다 해도 정작 보석의 진가를 느낄 수가 없는 것입니다.

부처님의 빈손

그러나 마음에 잡생각이 없다면 손에 쥐어져 있는 보석은 하늘에 떠 있는 별처럼 아름다운 것입니다.

꼭 보석이 아니라 해도 길거리에 떨어져 있는 못생긴 돌멩이 하나라도 보석같이 귀한 가치를 느끼게 될 것이다.

마음이 잡념이 없이 깨끗한 상태가 되면 세상의 모든 것은 불상이 되고 내 몸짓은 경건함으로 가득 차게 될 것입니다. 내 마음이 혼탁하면 하늘나라도 괴로운 지옥이 되고 내 마음이 청정하면 지옥도 하늘나라처럼 평화로울 것입니다.

그래서 행복이란 마음의 여백을 어느 정도 확보하고 있느냐에 달려 있습니다. 마음의 여백이 작을수록 괴로움은 커지는 것이니 많이 가진 자는 그만큼 괴로움도 크고 마음을 비운 자는 그만큼 즐거움이 커지는 것입니다.
지금 마음이 괴롭다면,
내려놔라!
비워내라!
흘러가게 내버려두라!
그럼 마음에 여백이 한없이 커져서 나의 바람이 자연히 이루어지게 될 것입니다.

모든 것이 그럴 뿐이다

도솔암 108계단

선운산의 도솔암은 불교의 하늘나라를 이 땅 위에 그대로 옮겨 놓은 듯이 보여서 보는 이로 하여금 그 절경에 환희심이 절로 우러나오게 하는 곳이다.

한때 절망에 빠져 방황하면서 구원자를 찾으며 몸부림에 칠 때 찾아갔던 곳이 바로 도솔암이었다.

사방이 거대한 화강암 바위로 둘러쳐 있고 암자도 바위 위에 얹혀 있으며 건너편에는 우뚝 솟은 천마봉 바위가 하늘을 향해 오르는 말의 형상을 하고 있어 보는 이의 마음을 압도한다.

살아있는 사람의 바람을 이뤄줄 뿐만 아니라 갈길 잃고 허공을 떠돈다는 죽은 자의 맺힌 마음도 풀어서 하늘나라로 인도해 준다는 영험한 기운이 머문다는 도솔암이다.

내게는 도솔암이 어머니의 품처럼 훈훈하고 더럽혀진 몸과 마음을 깨끗이 씻어주는 어머니의 사랑스런 손길 같은 곳이다. 그러한 도솔암이 오늘따라 몹시 보고 싶어진다.

부처님의 빈손

🪨 명상문

내 이제 도솔암 내원궁에 계시는 지장보살님을 친견하고자 108계단을 오릅니다. 한 발 또 한 발 계단 위에 올려놓을 때마다

버려라

버려라

또 버려라

버렸다는 생각마저 버려라.

비워라

비워라

또 비워라

비었다는 생각마저 비워라.

끊어라

끊어라

또 끊어라

끊었다는 생각마저 끊어라를 되뇌며 오르고 또 오르는 가운데

어느새 내 발길은 도솔천 내원궁 마당에 도착하여 있다. 법당의 문고리를 조심스레 당겨서 들어서니 하염없이 내려다보시는 지장보살님의 두 눈에서 쏟아져 내리는 빛이

부처님의 빈손

나를 향해 다가선다.

　지장보살님이시여!

　버리고 버리고 또 버리고 버렸다는 마음마저 버리겠습니다.

　비우고 비우고 또 비우고 비었다는 마음마저 비우겠습니다.

　끊고 끊고 또 끊어 끊었다는 마음마저 끊어내겠습니다.

　제가 항상 청정한 마음 가운데 머물러 있게 하겠습니다.

　마음이 청정한 사람이 바로 보살이고 보살이 머무는 곳이 주방이든 사무실이든 길거리든 산이든 바다이든 학교든 시장바닥이든 절이든 그곳이 부처님의 나라임을 잊지 않겠습니다.

　그리고 괴로움의 원인을 만들지 않기 위해서 상대에게 괴로움을 주지 않도록 하겠습니다. 괴로움의 결과가 나타나면 기꺼이 그 과보를 받아드리면서 상대에 대한 기대치를 최소화하여 실망하거나 미워하지 않겠습니다.

　그것이 당장은 손해나는 처신일지라도 멀리 보면 서로에게 남는 장사라는 인과의 이치를 바로 알아차리겠습니다. 지장보살님! 감사합니다.

휴식하는 자

공^空생활이란 수행생활로서 마음에 그 무엇도 포함시키지 않고 마음 혼자서 노는 청정한 생활로서 이를 독존^{獨尊}이라고 하는 것이다.

색^色생활이란 마음 혼자서 아무것도 포함시키지 않는 상태가 지겹고 불안해서 온갖 놀이를 만들어 괴로움을 사서 하는 것을 말한다.

혼자 있는데 심심하고 불안해서 벗어나고자 한다면 아기 입에 젖병을 물려주고 어린이들에게 장난감을 갖고 놀게 해 주듯이 어른들은 그들 나름의 재밌게 놀거리를 찾아서 노는 것이다.

깨어 있음이란 비어서 심심하고 불안하여 채우려고 하지 않고 비어 있는 그대로의 의미를 음미한다. 불안치도 않으며 마음 이외에 그 무엇도 보태서 꾸미려고 않지 않고 자연 미심^{美心} 그대로의 깨끗함으로 당당히 살아 있는 것이다.

부처님의 빈손

　왜 인간으로 태어났는가? 아무 일 없는 상태(空)가 지겨워서 견딜 수가 없고 혼자 있음에 불안해서 미칠 것 같아서 일을 스스로 만들어 결국에는 사람 몸까지 받게 되어 고달픈 인생살이를 하는 것이다.

　돈놀이, 땅 놀이, 아파트놀이, 명품놀이, 학벌 놀이, 인기놀이, 권력놀이, 남녀놀이, 자식놀이 등 온갖 놀이들을 만들어 고생하며 살며 더더욱 놀이의 즐거움을 느끼고 싶어서 갈등하고 싸우고 살육하며 죄악을 저지르며 사는 것이다.

　죽어 다시 태어나는 것도 색(色)놀이 속에 빠져 살던 습관의 힘으로 다시 태어나게 되는 것이다. 명상은 아무것도 안 하고 쉬는 것이며 아무것도 안 하고 노는 것이며 이미 만들어진 인과에는 책임감을 갖고 기꺼이 맞이하는 것이다.

⚫ 명상문

명상이란 '이것이 무엇인가?'하는 의문스런 마음을 말하고 그것은 곧 명상 주제에 대한 의문이며 인간이 경험하는 일체의 것이 명상주제가 아닌 것이 없습니다.

그런 점에서 삶의 현장이 곧 마음공부의 장소이며 만나지는 모든 인연들이 자기를 깨어나게 하는 스승입니다. 문자에 종노릇하지 말고 현실 속에서 살아 움직이는 법문을 들을 열린 마음이 되어야 합니다.

태어나고 늙고 병들고 죽어가는 과정이 마음을 깨어나게 하는 명상의 주제가 되는 것이니 생로병사 밖에서 길을 묻지 말고 살아 있는 삶의 현실 속에서 길을 묻고 찾아야 진실한 공부가 되는 것입니다.

'이것이 무엇이냐?'는 반성적 사유를 말하는 것이 아니라 사고의 중단이며 생각은 물론 들이쉬고 내쉬는 숨도 벗어나게 하는 놀라운 사건을 경험하는 것입니다.

부처님의 빈손

'이것이 무엇인가?'하는 주시의 태도를 지속하다 보면 사자의 예리한 이빨처럼 날 선 지혜가 일어나서 명상주제의 숨통을 끊어 의문을 해소하는 데까지 이르게 됩니다.

명상이란 쥐 잡는 고양이가 쥐를 노려보며 공격의 기운을 분출하는 것과 같고 꼼짝 못 하고 숨죽이고 있는 쥐의 마음을 읽어내는 것과 같습니다.

지켜보면 마음이 칼날처럼 날카로워지고 어떤 물체이든지 칼날에 다가와서 부딪치면 잘려나갑니다.

나는 나날이 마음을 비워내서 맑아집니다.
나는 나날이 마음을 비워내서 밝아집니다.
나는 나날이 마음이 청정해지고 빛이 충만하여
마음이 양식이 넘쳐나고 배불러 옵니다.

휴식하는 자

진흙밭에서 연꽃이 핀다

연꽃은 진흙밭에 뿌리를 박고 피듯이 마음공부란 진흙탕 같은 현실에서 이루어지는 마음 다스림이다. 문제가 있으니 답을 찾고 답이 없다며 문제도 없는 것이다.

괴로운 현실이 마음을 깨어있게 하는 학교이다. 연꽃은 진흙밭에서 뿌리가 뽑히면 죽는 것처럼 현실이라는 밭을 벗어나면 깨어있음도 사라진다. 현실이 바로 괴로운 지옥이 될 수도 즐거운 하늘나라가 될 수도 있는 것이다.

그러므로 현실 속에서 괴롭지 않은 평온한 마음이 곧 행복이란 것을 알고 수많은 욕망의 부딪힘 속에서 괴로움의 원인이 되는 애착을 떠나는 마음공부가 계속되어야 하는 것이다.

마음공부란 일상생활 속에서 달콤한 현실의 유혹에 초연하여 항상 깨어있는 마음의 연습인 것이다.

부처님의 빈손

🪨 명상문

어느 분이 "명상이란 무엇인가?"라고 물으시길래 "지금 무얼 하고 계신가요?" 되물으니 "보다시피 과일을 깎고 있다"고 하신다.

"그럼 칼에 손 베지 않도록 각별 주의하여 세심하게 과일 껍질을 깎아 내도록 하세요. 그것이 과일을 깎는 명상입니다."라고 말씀을 드렸더니 "명상이 그런 의미였군요."라며 고개를 끄덕거리신다.

명상이란 현재 자신에게 일어나는 움직임에 관심을 기울여 마음이 이 순간에서 벗어나지 않도록 하는 일종의 자기와의 데이트입니다.

자전거를 타든, 운전을 하든, 걷든, 학습을 하든, 밥을 먹든, 똥을 싸든, 화를 내든, 우울하든, 숨을 쉬든, 밭에 씨를 뿌리든, 벼를 베든, 낚시를 하든, 사랑을 하든, 무릎이 아프든, 오직 현재 자신의 움직임에 마음이 함께하는 것이 중요합니다.

문제가 있는 곳에 답이 있듯이 현실의 문제를 죽은 이후에

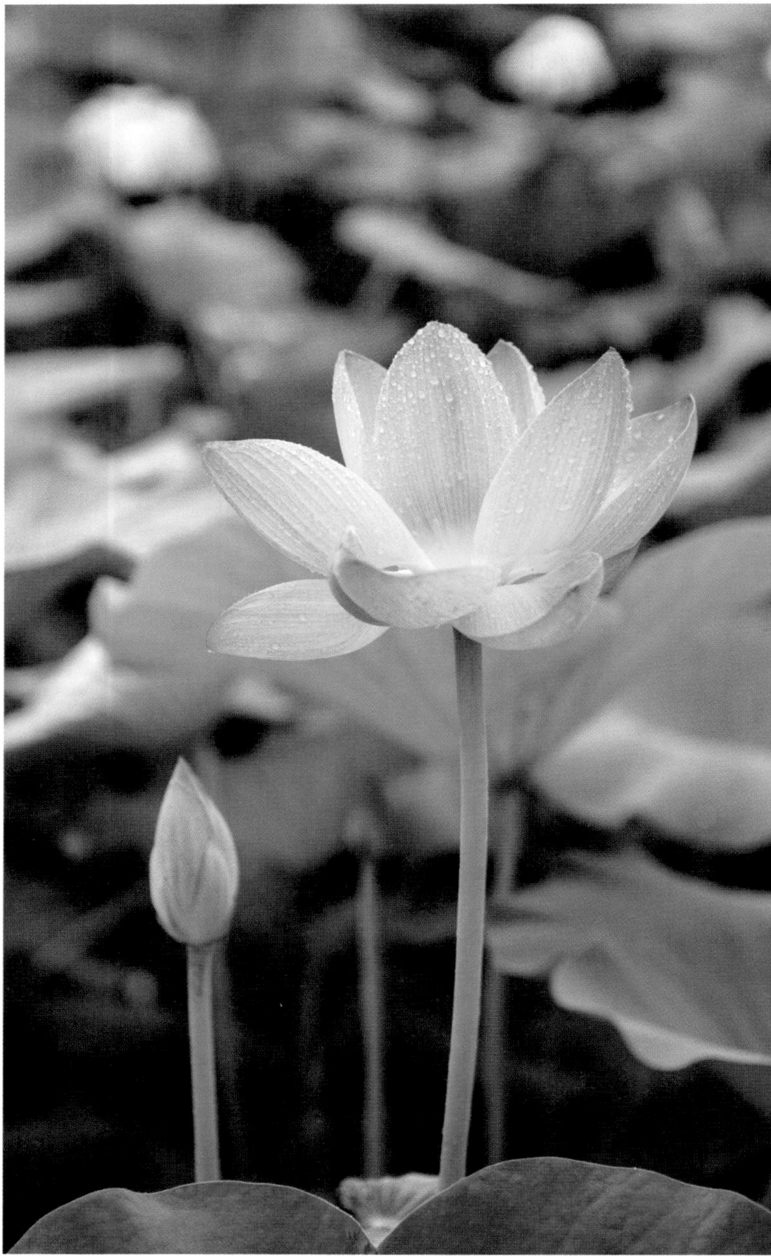

하늘나라나 극락에서 해결책을 찾는다거나 신불에게 그 책임을 묻는 태도는 매우 잘못된 것이며 끝없는 혼란만 만들어 내고 해답은 영원히 찾을 수 없는 일종의 자기기만 행위입니다.

그것은 현실도피나 책임을 회피하는 잘못된 생활 태도이며 문제는 현실 속에 있는데 현실을 벗어난 곳에서 답을 찾으려는 것은 자기 책임을 남에게 떠넘기는 무책임한 행동이 아닐 수 없습니다.

마음공부를 하는 사람은 행주좌와어묵동정行住坐臥語默動靜지간에 항상 깨어있는 연습을 해야 하며 그것은 몸과 맘의 움직임을 알아차려 마음의 평정심을 유지하는 것입니다.

괴로우면 괴로운 줄 알아차리고 자신이 왜 이런 괴로움을 겪어야 하는지를 생각해야 하고
욕망이 일어나면 욕망이 일어나는 것을 알아차리고 자신이 왜 이런 욕망이 일어나는지를 생각해야 하고
화가 나면 화가 일어난 것을 알아차리고 자신에게 왜 이런 화가 일어났는지를 생각해야 하고
그렇게 해서 욕망의 노예, 기분의 노예, 생각의 노예생활에서 벗어나도록 해야 합니다.

맨 처음에 일어난 욕망이나 기분이나 생각을 알아차리고 원인 규명을 위해 사유의 시작점을 10의 숫자라 할 때 사유가 진행되면서 9,8,7,6,5,4,3,2,1까지 이르게 됩니다.

모든 문제는 맨 처음 하나로서 시작한 것인데 그 하나의 숫자는 가상의 숫자이며 만들어진 허상이라는 사실을 알아야 합니다. 왜냐면 맨 처음에 전제된 하나가 서 있는 자리는 영이라는 제로의 숫자로 텅 빈 공空이요 없는 무無이기 때문입니다.

그러므로 모든 숫자에 영을 곱하면 크고 작은 모든 숫자는 영이 되고 맙니다. 숫자 10에서 1까지는 사유의 과정이나 그 1의 숫자가 서 있는 영이라는 제로까지는 사유가 아닌 욕망, 기분, 사고를 멈추게 하는 비움의 과정으로 본래 괴로울 것이 없다는 것을 깨닫게 하며 그래서 괴롭지 않게 살아갈 수 있게 합니다.

그러므로 모든 욕망추구와 감정표현과 사색의 끝은 1이라는 하나의 숫자를 문고리로 삼아 잡아당겨서 영이라는 제로의 지대로 들어서는 것이며 그것은 욕망의 내려놓음, 감정의 비움, 사고의 중지로 이어지는 수행의 길이 됩니다.

부처님의 빈손

행복해지기

지금도 행복하고 나중도 행복하려면 지금 이 순간에 마음을 머물게 하는 연습이 필요하다. 살아 있을 때도 행복하고 죽은 뒤에도 행복하고 다시 태어나도 행복하기 위해서도 지금 이 순간에 마음을 머물게 하는 연습을 꾸준히 해야 한다.

생각 생각이 현재의 날 만들어 온 것이며 행복도 불행도 오직 생각으로 말미암아 만들어져 온 것이다. 내일이나 노후나 죽는 순간이나 죽은 뒤나 다시 태어나는 것을 걱정 말고 오직 현재 이 순간에 마음을 머물게 하는 연습을 꾸준히 해야 한다.

그래서 오늘 밤에 내 몸이 죽더라도 맺힌 마음이 없이 웃음 지으며 남겨진 인연들에게 축복의 마음을 전하며 떠날 수 있어야 한다.

일심일사一心一事의 정신으로 평소에 자신의 움직임을 관찰하는 노력을 꾸준히 해야 한다. 그것이 예불이요 수행이며 모든

괴로움에서 벗어나 지금 이 순간 속에서 행복한 마음으로 살아가는 길인 것이다.

입고 있는 옷, 양말, 휴대폰, 가방, 신발, 모자, 화장품, 지갑, 침대, 이불, 베개, 집, 차, 사무실, 일터 등 일상에서 사용하게 되는 물건들을 소중히 여기며 감사의 생활을 하여야 한다.

자신이 머무는 곳곳마다 법당으로 여기고 만나는 사람마다 부처님을 대하듯 예로서 대하는 것이 무엇을 하든지 자신을 성공의 길로 인도하는 비결이 된다.

되는 가게의 분위기는 밝은 기운이 넘쳐나고 일하는 종업원들의 움직임도 활기차고 목소리도 경쾌하다. 부처님처럼 생각하고 말하고 행동한다면 이를 상대방의 입장에서는 최상

부처님의 빈손

의 대우로 느끼고 최고의 서비스를 받는 것으로 여길 것이 아니겠는가? 그러니 만나는 상대를 '부처님처럼' 대하는 생활은 성공인생을 보장해주는 생활 속의 예불이요 기도가 된다.

🪨 명상문

마음공부를 하면서 가장 다스리기가 어려운 점은 먹어야 사니 식욕과 먹으면 배설해야 하니 대소변과 성적인 욕망입니다. 식욕과 배설의 욕망은 충동이 일어나면 억제하기가 쉽지가 않습니다.

인간의 생은 부모의 성적 즐거움으로부터 시작된 것이니 죽을 때까지 이 성적인 즐거움을 추구하는 유전자는 이어지게 되어 있습니다. 수행자라 해도 쉽게 성적인 욕망으로부터 자유로워지기가 어려운 것이 이 몸의 세포 자체가 성의 덩어리라서 그렇습니다.

이성의 몸을 취하여 즐기고 싶은 것이 성의 심리인데 그것은 부모님으로부터 가지고 나온 유전자입니다. 이성의 몸을 탐하는 마음은 육식을 주로 하는 사람에게 더 강하게 일어납니다.

사실 인간은 성적인 존재이며 성적 에너지의 집합체라고 봐도 틀림없습니다. 그래서 이성의 몸을 탐해서 더듬고 빨고 급기야는 자신의 신체 일부를 상대의 몸 안으로 집어넣기까지 하면서 즐거움을 느끼려고 합니다.

따지고 보면 사람 몸뿐만 아니라 고기의 몸을 탐하여 회로 먹고 탕으로 끓여서 먹고 말려서도 먹고 야채도 날것으로 먹고 삶아서도 먹고 나무뿌리에서부터 줄기, 가지, 잎, 꽃잎, 꽃가루, 열매, 나무껍질까지 다 챙겨 먹습니다.

몸에 좋다면 갯벌을 뒤집고 땅속을 파헤쳐서라도 지렁이나 굼벵이를 잡아먹고 바위나 지붕 위에 붙은 버섯이나 식물까지도 채취해서 먹는 것으로도 만족을 못 하여 재래식 똥통에 똥물을 마시고 똥 구더기까지 볶아 먹기도 하는데 먹는 일들이 모두 성적인 행위의 연장선에서 이루어지고 있는 것입니다.

먹는 놈이 똥을 싼다고 하듯이 성적 욕망을 다스리려면 먹는 식탐을 경계해야 하고 육식은 멀리하고 가능한 채식 위주로 소식을 하는 게 좋습니다.

색을 탐하는 마음이 치성하고 성적으로 길들어지면 다음

부처님의 빈손

생에 그 업보로 물고기나 소나 돼지가 되어 색을 탐하는 사람들의 입맛에 맞는 먹을거리로 제공되어 입안에서 자근자근 씹히는 운명에 처할 수 있음을 알아야 합니다.

그래서 마음 수행자는 물고기나 동물고기를 먹는 것을 가능한 한 멀리해야 하고 해가 떨어진 뒤에는 생수 이외에는 어떠한 음식물도 섭취하지 않도록 습관 들이는 것이 필요합니다.

꼭 이성에 대한 몸을 취하는데 습관 들여져 있는 것뿐 아니라 고기나 짐승의 몸을 탐하는 것도 다 성적인 업보가 되어 다음 생에 태어나면 이젠 반대로 자신의 몸을 그 어떤 대상들에게 제공하며 망가지게 하는 생활을 하게도 됩니다.

의식주 생활을 간소화하고 몸을 단정히 하는 청정한 생활이 마음공부를 하는 사람들에게는 꼭 필요합니다.

일어난 마음을 참아도 한恨(업)이 된다

업이란 정보로서 마음 밭에 뿌려져 있다가 조건이 되면 고개를 들고 마음 표면으로 드러나고 몸으로 하여금 그에 따라 움직이도록 영향력을 행사하게 된다.

어느 분이 화가 치밀거나 음욕이 일어나는 걸 참아도 업이 되는지를 물어왔다. 업이란 정보는 순간적으로 일어나는 것이니 어쩔 수 없지만 이에 어떻게 반응하고 행동하느냐에 따라서 업이 흐려져서 소멸의 길로 접어들기도 하고 업이 구체화되어 행동으로까지 진행되기도 하는 것이다.

업이 발동하면 억제하거나 행동하거나 소멸시키거나 하게 되는데 업의 소멸은 눈이 어지러이 허공중에 내릴 때에 햇볕이 내리쬐면 눈발이 녹아 허공중에서 살아지고 하늘은 푸른색을 들어내는 것과도 같다.

수행자들이 사용하는 '이뭐꼬?'는 이것이 무엇인가 하는 의문과 그에 대한 집중이다. 마치 맹수가 먹잇감의 목을 물고 숨이 끊어질 때까지 움직이지 않고 그 상태를 유지하고 있는 것과 같다. 그러나 사냥의 내공이 약하면 먹잇감을 놓치게 되는 경우도 생기는 것이니 더 사냥술을 익힐 필요가 있다.

정보의 취득과정을 색수상행식色受想行識인 오온五蘊으로 나눠 설명하는데 그 오온五蘊작용이 최종적으로 식識에 이르러서야 업력이 결정되는 것은 아니다.

물론 온전하고 강력한 정보력은 식識에 와야 결정되지만 그렇다고 정보를 맨 처음 접수하는 감수感受의 단계라도 그 정보력이 초기 단계의 영향력을 가지고 있다.

그래서 견물생심見物生心이라고 본 것의 장면은 사고과정을 거치기 이전이라도 마음에 이미지로 남아서 무의식중에 작용을 하는 것이다. 그러니까 감수력, 분석력, 판단력, 정보기억력으로 업력의 나타나는 힘에 차이가 있는 것이다.

예를 들자면 어린이집에 다니는 4살짜리 어린이가 있는데 어느 날 어린이집 원장님으로부터 어머니에게 한 통의 전화가 왔다.

아이가 어느 날부터 혼자 엎드려서 엉덩이를 들었다 놨다
를 반복하는데 혹시 아이가 보는 앞에서 부모님끼리 사랑표
시를 한 적이 있느냐고 묻더라는 것이다.

눈으로 본 것에 불과하다 해도 부모의 사랑 행위가 아이의
마음에 이미지로 남아서 아무것도 모르는 가운데 아이는 행
동으로 표현하게 되는 것이다. 아이들 앞에서는 찬물도 그냥
마시면 안 된다는 말을 생각하게 하는 경우이다.

그래서 "세 살 버릇 여든까지 간다."고 한다. 어떤 상황인지
판단할 수 없는 나이지만 자기 앞에 펼쳐지는 광경 그대로 이
미지로 저장되어 있다가 의식하지 못하는 가운데 이미지대로
행동하게 된다.

그러나 이 정보가 만들어지는 초기 이미지 단계에서는 알
아차리기만 하면 쉽게 소멸을 시킬 수가 있으나 상想의 단계
로 접어들어서 분석추리를 하고 행行의 단계로 접어들어서 행
위를 위한 의도를 갖게 되고 최종적으로 기억장치에 저장이
완료되면 업력의 작용을 다스리는 것이 어려워진다.

부처님의 빈손

그냥 눈으로 보고, 귀로 듣고, 코로 숨 쉬고, 입으로 맛보고 말하고, 몸으로 느끼고, 의식으로 생각하는 것만으로도 업력 작용이 일어나는 것이니 남을 미워하는 것은 이미 미워하는 인자를 자기 마음 가운데 심은 것이 되어서 자신을 해치는 자해행위가 된다.

그래서 눈으로 보는 것은 눈씨요, 귀로 듣는 것은 귀씨요, 코로 냄새 맡는 것은 코씨요, 입으로 맛보고 말하는 것은 입씨요, 몸으로 느끼는 것은 몸씨요, 의식으로 생각하는 것은 마음씨가 되는 것으로 한 번 접촉하고 일으키는 마음은 인연의 원리를 따라서 그 과보를 받게 되어 있는 것이다. 그래서 예수님께서는 "마음에 음욕을 품었으면 이미 간음을 했느니라."고 하셨던 것이다.

♨ **명상문**
별을 찾다 보면 별이 되고
달을 찾다 보면 달이 되고
빛을 찾다 보면 빛이 되고
길을 찾다 보면 길이 되고
진리를 찾다 보면 진리가 되고

생명을 찾다 보면 생명이 되고
사랑을 찾다 보면 사랑이 되고
행복을 찾다 보면 행복이 되고
관세음보살을 찾다 보면 관세음보살이 되고
인생은 자신이 원하고 행동하는 대로 되어가는 것입니다.
원하는 것은 멀리 있는 것이 아니라 자기 마음 안에서부터 씨가 떨어져서 밖으로 그 구체적 모습을 만들어 펼쳐집니다.

과거 상처에 휘둘림을 당하고 자기 존재를 부정적으로 해석하는 사람은 자신을 파괴하는 쪽으로 끌고 나가며 어둠의 길목에서 헤매는 사람들은 결국 어둠의 자식이 됩니다.

그래서 행복도 불행도 누가 만드는 것이 아닌 진실로 자기가 만들어 내는 것이며 그것은 마음에서부터 시작하는 것입니다. 자신의 운명은 자신의 마음이 내는 길 따라서 만들어져 감을 명심하여야 합니다.

부처님의 빈손

사춘기와 사추기

🪷

자연은 6단계로 팽창하며 기능의 극대화를 이루다가 유턴하여 6단계로 수축하며 기능의 극소화를 이루면서 음양 운동을 한다.

새벽녘이 되면 남자는 양기가 치솟아 성기에 에너지가 충만하면서 하늘을 향해서 불끈 일어선다.

반면에 여자는 몸이 완전히 이완되어 양기를 받아드릴 수 있도록 문이 활짝 열리는 시간이다.

인생사로 보면 사춘기思春期가 시작된 것으로 정신적으론 자기 식대로 살아가려는 시기로서 생각대로 표현하고 기분대로 행동하려는 경향을 드러내게 된다.

자기 식대로 홀로서기를 하려다 보니 부모나 주변 사람들과 갈등하는 성장통을 일으키는 것이다. 부모는 부모대로 자기는 자기대로 마음을 알아주지 않는다고 섭섭해 하고 고생해서 키웠더니 이제 와서는 자기 홀로 큰 것처럼 나 몰라라

한다며 섭섭한 마음이 미움으로 커져 나가는 시기이다.

여자도 사춘기思春期가 되면 가슴이 커지면서 유두가 고개를 들고 일어나면서 잠재된 여성성이 강하게 발현되는 시기가 된다.

달이 조수간만의 차이를 발생시키며 물을 끌어왔다 끌고 나가며 바다를 정화시키며 생기를 불어넣어 주듯이 여자는 생리가 시작되면서 생명을 잉태하고 길러내고 출산하는 몸으로 바뀐다.

사춘기思春期는 부모는 부모대로 자식은 자식대로 자기 자리를 찾고 자기 색깔을 찾아가는 시기이다. 그러므로 서로 간에 변화를 자연스럽게 받아들이면서 존중하는 마음으로 지켜보는 마음이 필요하다.

이에 반하여 사추기思秋期는 생리적으로나 심리적으로 펼쳐졌던 상황을 정리하고 출발점으로 돌아가려는 회귀성이 발동하게 된다.

양기가 충만할 때는 고개를 치켜세우던 것이 힘이 빠지면서 스스로 고개를 숙이게 되는 시기이다. 성적으로도 그러하고 목과 어깨에 들어가 있던 힘도 서서히 빠지면서 열렸던 몸의 문들은 닫히기 시작하고 마음이 소심해지면서 부드러워지고 겸손해진다.

부처님의 빈손

사춘기思春期와 사추기思秋期의 특징으로 꼽을 수 있는 것은 사춘기는 물질적 성장의 팽창 속도가 빠른 데 비하여 정신적인 성장 속도가 따라주질 못해서 방황한다.

또한 성욕의 폭발적 욕구를 처리하는 문제와 현실적응을 할 수 있는 준비가 되어 있지 않은 부족함에서 오는 심리적인 갈등과 무력함이 따른다.

어른도 아이도 아닌 어중간한 처신을 하게 되어 지나치게 주변을 눈치 보며 심리적인 불안증세가 따르고 때로는 지나친 자기 과신으로 질서이탈이나 사고를 치기도 한다.

몸은 어른인데 정신은 아직도 미성숙한 성장 과정에 있어 자기 독립을 선언하기엔 이르고 자신의 부족함이 노출될까 봐 지나치게 주변을 의식하는 데서 오는 스트레스도 심하다.

반면 사추기思秋期는 솟구치는 기운이 하강하며 몸이 쇠락의 길로 접어들고 마음도 예전 같지 않게 하루하루가 다르게 위축이 되는 것을 느끼게 되면서 심리적인 불안증세가 나타나고 신경이 예민하면서 신경질적인 반응도 크다.

몸은 말을 듣지 않는 부분이 많아지고 마음 또한 낭떠러지 위에서 추락하는 듯이 심리적인 쇠락을 보여주니 자주 우울 증세가 일어나고 자연적인 현상에 반응하는 마음도 사소한 것이라도 마음을 울컥거리게 하고 변화하고 있는 자신을 받아드리기가 힘들어지게 된다.

　젊었을 때는 바위도 맨손으로 부술 수 있을 것 같고 쇠도 녹일 것 같은 열정이 있었는데 중년이 되면 세월 이기는 장사 없다고 하는 말이 실감 날 정도로 하루하루 몸이 달라지는 것을 느끼면서 마음이 여려져만 간다.

　그래서 중년이 되면 누가 시키지 않아도 목과 어깨에 들어가 있던 힘이 빠지면서 겸손한 몸이 된다.

　마음도 빈틈없이 꽉 찬 모습이 아니라 여백이 있어 빈 구석이 있는 것이 편안하고 상대의 말에 귀 기울이며 이해하고 공감하는 바가 커지기도 한다.

　주역의 원리로 인간의식 형성을 보면 0세~3세까지는 내괘內卦가 형성되는 시기로 인간의 개인적 특질이 형성되고 4세~6세까지는 외괘外卦가 형성되는 시기로 외부 자극에 의한 반응과 세상을 바라보는 자기의 관점이 형성되는 시기가 된다.

그러므로 태어나서 6살까지의 시기가 한 인간의 기본인격이 형성됨으로 부모의 관심과 사랑, 가정의 안정된 분위기 매우 중요시된다.

만약 이 시기에 부모가 불화하여 부모 자식 사이에 애착관계가 형성되지 못한다면 인간에 대한 이해와 공감능력을 갖추지 못하게 되어 원만한 인간관계 형성이 어렵게 되고 스스로 사회의 집단생활에 적응치 못하는 외톨이를 만들게 된다.

또한 부모에게 학대를 당하거나 방치된 가운데 자란다면 사회에 정상적으로 적응치 못하고 심하면 세상을 혼란으로 몰아가는 반사회적인 행동심리를 지니게 된다.

남녀가 7세가 되면 남녀 사이에 성별을 구별하는 시기가 되어 서로 당기는 묘한 기류가 발동되기 시작하고 14세가 되면 여자는 생리가 시작하며 남자를 받아들여서 임신할 수 있는 여자의 몸이 된다.

21세가 되면 꽃나무가 만개하여 주변의 벌과 나비가 스스로 찾아들 정도의 향기를 내 뿜는 여자의 몸으로서 완숙한 경지에 도달하게 된다.

그러다가 여자는 49세가 되고 남자는 64세가 되면 갱년기라는 사추기思秋期로서 생리적, 심리적 변곡점을 맞아 큰 변화를 만나게 된다.

이때는 몸과 맘이 본래의 자리로 돌아가는 현상이 일어나면서 텅 빈 공허감을 맞이하게 되는데 지금껏 살아나온 방식과 전혀 다른 적응을 요구받게 되면서 몸과 마음이 큰 혼란에 봉착하게 된다.

그 요구받는 적응이란 지금까지 살아나온 적응방식과 정반대의 방식을 요구받게 되는 것으로 세상을 향해 열렸던 몸과 마음을 닫고 사추기思秋期의 요구에 따라 세상에서 끌어모으던 습관을 하나하나씩 비우고 내려놓고 인연을 정리해야 한다.

지난 사춘기思春期의 삶이 욕심을 채우는 것이었다면 사추기思秋期를 맞이한 이제는 끌어모으려는 욕심을 내려놔야 하는 시기로 몸과 맘을 가볍게 하여 저승으로 넘어갈 준비를 해야 한다는 자연의 가르침인 것이다.

그래서 인간은 죽을 때까지 배우며 사는 것이고 백 년을 산다 해도 다 모르는 것이 인생이다.

부처님의 빈손

🧘 명상문

사람은 척추와 허리가 반듯하게 서 있어야 중심 잡힌 행동과 사고를 하게 되어 있는데 이 중심선이 무너지게 되면 S자 곡예운전을 하듯이 불안한 행보를 보이게 됩니다.

또한 행보가 예측 가능성에서 멀어지게 되니 이런 사람에게 믿음을 보내기가 어렵게 되고 약속을 하고 기다리다가도 기대를 포기해야 하기도 합니다.

척추 라인이 뒤틀리게 되면 몸을 지탱하는데 에너지 소비가 심하게 일어나고 조금만 몸에 무리를 주면 컨디션을 회복하는데 시간이 많이 걸리기도 합니다.

사춘기思春期와 사추기思秋期에는 신체적 변화와 심리적 변화가 심하게 일어나서 화산이 폭발하듯 몸과 마음이 요동치기도 하고 땅이 지진이 난 듯 몸과 마음이 꺼져 내리는 듯이 기복이 심하고 심리적인 불안증세 또한 컨트롤하기 어려워 마음의 중심 잡기가 쉽지 않습니다.

몸과 마음의 중심 잡기에 도움이 되는 것은 일단 앉고 서고 걸을 때는 허리를 꼿꼿이 세우고 어깨를 활짝 펴서 당당한 자세를 유지하도록 해야 합니다.

어깨가 앞으로 돌아가고 등이 굽고 허리가 뒤틀리면 결국 고집불통의 편굴偏屈한 사람이 되거나 심신이 미약해서 비굴한 인생을 살기 쉽습니다.

동전 한 푼을 구걸하는 거지의 몰골을 보십시오. 중한 죄를 지은 중죄인이라도 된 것처럼 몸을 바닥에 붙이고 고개를 떨구며 엎드려 있습니다.

항상 등과 허리를 반듯하게 펴야 몸에 중심력이 강해집니다. 팽이가 중심을 잃으면 쓰러져 돌지 못하나 중심이 잡히면 쓰러지지 않고 잘 돌아가듯이 척추가 반듯하게 선 사람은 중심 잡힌 몸매에 균형감각을 지닌 중심 강한 사람으로 만들어 줍니다.

다음으로는 마음의 중심을 잡으려면 바로 현재 여기에 마음이 머물도록 해야 합니다. 마음이 현재에 머물면 마음의 중심이 잡혀서 평온하고 상쾌하지만 현재에서 벗어나면 중심이 흐트러져서 중심 없는 사람이 됩니다.

부처님의 빈손

마음의 중심이 무너지게 되면 마치 빈집에 강도가 들어와 행패를 부리듯이 과거의 추억이나 미래의 꿈이나 온갖 생각과 기분들이 설치며 안정을 깨트리게 됩니다.

　탑이나 전봇대가 중심을 잃고 한쪽으로 기울어 있으면 결국 무너지고 말듯이 무엇이든지 기울면 중심이 흩어져서 서 있지를 못하고 무너지고 맙니다.

　마음이 중심에서 벗어나서 한쪽으로 기울면 불행이 찾아옵니다. 생활 속에서 날아드는 온갖 삶의 중력을 견딜힘이 부족하여 스스로 무너지는 것입니다. 그래서 중심이 강한 사람이 악운을 견뎌내는 힘도 강하고 운을 열어가는 힘도 강한 것입니다.

앉으면 앉아있는 모습을

서면 서 있는 모습을

걸으면 걷는 모습을 지켜보세요. 동작을 멈춰있을 때는 관심을 코끝에 두고 숨이 드나드는 것을 지켜보도록 하십시오.

화나면 화나는 모습에

우울하면 우울해하는 모습에

지루하면 지루해하는 모습에

술 생각이 나면 술 생각하는 것에

해서는 안 될 생각이 일어나면 그 생각에 정신을 집중해서 그 생각과 감정을 알아차리는 연습을 해보십시오.

가랑비에 옷이 젖어가듯이 자신의 움직임에 관심을 두는 살피는 습관을 들이다 보면 내공력이 쌓여서 언제든지 마음을 한 군데로 이동하여 갖다 놓을 수 있어 마음을 컨트롤하는 데 큰 힘이 됩니다.

부처님의 빈손

행복한 소리, 복된 소리

　일체 존재는 제각각 고유의 진동수를 지닌 소리를 내고 있다. 인간의 귀는 진동수가 너무 늦거나 너무 빠른 소리를 들을 수 없고 제한된 작은 범위 내에 있는 소리만을 감지할 수 있다.

　신이 세상 만물을 말씀으로 창조하셨다고 하는 차원은 인간이 들을 수 없고 볼 수 없는 시청각 밖의 이야기이며 아무리 많은 비유를 들어서 설명한다 해도 체감할 수 있는 것이 아니다.

　말씀은 인간에게 복을 가져다주는 은혜가 있으며 모든 괴로움을 소멸시켜주는 권능이 있으며 더러움을 깨끗이 씻겨주어 밝은 지혜가 드러나게 하는 신비한 주문의 힘이 있다.

　그래서 인간에게 가장 큰 이익을 가져다주는 가치 있는 것이 말씀인 것이다.

　붓다는 수많은 비유를 들어서 이 신비한 주문의 말씀을 전해주시려고 노력하셨으나 많은 사람들은 문자놀음에 빠져서 문자를 들어 보이기 이전의 비어 있는 소리를 쉽게 알아차리지는 못하였다.

붓다는 45년간 수많은 설법을 하셨으나 혹시나 문자놀음에 빠질 것을 우려하셔서 "단 한 말씀도 전한 바가 없다!!"라고 말씀하신 것이다.

'불립문자不立文字 언어도단言語道斷 직지인심直指人心 견성성불見性成佛'은 문자를 세우지 않고 말을 끊고 곧바로 마음의 실상을 알게 한다는 뜻으로 마음을 깨끗케 하는 통쾌한 말씀인 것이다.

마음을 비워가는 수행자는 비운 소리를 사용하는 법을 익혀가는 사람이다. 마음이 세상적인 색깔로 가득 차서 그걸 소리로 표현하는 것이 아니라 세상적인 색을 비어내서 마음의 빈 여백에서 울려 나오는 빈 소리를 표현해내는 사람이다.

물론 붓다는 마음이 100%로 색깔을 비워내서 텅 빈 마음을 지닌 분이시며 보살은 99%의 여백에 1%의 색깔을 지닌 분이시며 중생은 99%의 색깔에 1%로의 여백을 지닌 사람이다.

붓다는 45년간 장광설을 토해 냈지만 그 내용이 비어있는 마음의 실상을 이야기하셨기에 본질적인 입장에서 보면 단 한 마디도 말한 것이 없고 말할 것도 없었다고 하는 것이다.

산사의 범종소리, 법고소리, 운판소리, 목어소리, 목탁소

부처님의 빈손

리, 요령소리 등은 속이 텅 비어있는 소리들이다.

이 소리는 문자를 세우지 않고 언어가 끊어지고 마음의 실상을 곧바로 드러내서 보여주는 말씀으로서 언어가 아닌 시詩이며 위대한 비어있는 여백의 소리인 것이다.

스님들의 법문이나 염불 소리 역시나 비어있는 마음의 이야기이니 속이 비어있는 소리요 욕망과 기대로 가득 찬 중생의 마음을 텅 비어내게 하는 소리인 것이다.

괴롭고 우울하고 절망하고 상처 입은 마음들을 치유하고 희망을 주고 용기를 북돋아 주는 복된 소리들은 세상에 물들기 이전의 맨 처음 마음으로 초기화시켜주는 복된 소리인 것이다.

기도나 염불이나 각종 의식을 집전할 때 사용하는 사물은 우리의 마음속을 비게 하기 위해서 속이 빈 악기로 속이 빈 소리를 내게 한다는 것을 이해해야 한다.

마음을 비게 하기 위해 빈 소리를 내는 소리를 들으면서 세속적인 욕망을 채우려고 한다면 올바른 마음공부라고 할 수 없다.

흐르는 물은 좌측 둑이나 우측 둑에 머물러 있지 않고 어느 한쪽에 머물려는 유혹을 스스로 내려놓고 흐르고 흘러 넓은 바다에 이르듯이 우리의 마음도 스스로 비워내서 바람처럼 허공을 걸림 없이 흐르듯 욕망을 비우고 또 비워서 마음에 여백을 넓혀야 한다.

그래서 욕망의 덫에 걸려서 괴로워하고 아파하고 눈물지으며 누군가를 원망하지 않도록 해야 한다.

주제를 파악하자! 세상사는 아주 작은 먼지 하나도 나의 소유물이 될 수 없다는 사실을 알자. 모든 것은 조건에 의해 잠시 내 앞을 스치고 지나갈 따름이다.

아니 나 이외에 또 다른 나란 존재할 수 없는 것이다. 일체가 바로 나의 또 다른 모습들인 것이니 내가 나와 대립하고 싸우며 내가 내 것을 탐하는 것은 어리석은 짓이 아닐 수 없다.

🪨 명상문

홀로 당당히 텅 빈 여백으로 서 있는 자기 참 주제를 망각하고
그 무언가를 끌어당겨서 그 관계 속에 안주하려는 허망한
생각을 과감히 떨쳐내고
나 이외에 그 무엇도 세우지 않도록 하십시오.
나의 본래 색깔인 본래무일물本來無一物한 텅 빈 하얀 여백의
색깔로 살아있는 걸로 족합니다.
텅 빈 푸른 하늘처럼!
텅 빈 푸른 하늘처럼!

부처님의 빈손

죽어서 가는 하늘이 아니라
살아 있는 동안
마음이 텅 빈 하늘 되어 살아있으면 행복한 것입니다.

나 이외엔 그저 불쌍하게 여기며 부족한 부분이 발견되면 내가 할 수 있는 한도 내에서 도와주며 사는 것이 행복하게 사는 길입니다.

먹는 음식물을 적게 먹고 마시도록 습관 들이도록 해보세요. 그러면 재물을 끌어모으려는 욕심이 줄어들게 됩니다.

또한 성적인 욕망이 줄어들어서 사람들을 지배하려고 큰 권력을 쥐려고 하지 않게 됩니다. 음식물을 섭취하는 것 하나만 줄여도 감각적인 욕망을 충족하려는 마음을 크게 줄일 수가 있습니다.

몸과 마음을 채우려는 욕망을 줄이면 몸과 마음의 무게는 그만큼 가벼워져 행복의 지수는 하늘 높이 올라가고 몸과 마음을 채우려는 욕망이 늘어나면 몸과 마음의 무게는 그만큼 무거워져 불행의 지수는 커져만 갑니다.

그래서 많이 거머쥔 자가 마음은 가난하고 심장이 빨리 뛰며 숨을 헐떡거리게 되는 것입니다.

"하늘나라는 어린아이의 것"이라 하셨듯이 세상을 분별하지 못하는 어린아이의 마음은 부자도 가난한 자도 아니며 마음이 플러스와 마이너스의 중심점인 제로 상태에 머물러 있습니다. 긍정도 부정도 하지 않고 오직 자기 마음 가운데 머물러 깨어있어야 합니다.

마음의 중심점을 놓친 마음은 생각이 잠시도 자기 마음의 빈 여백에 머물러 있질 못하고 무언가를 당겨와 배고픈 마음을 채우려고 밖을 향해 이리저리 나대며 뛰어다닙니다.

이를 '정신 빠진 인간', '정신 나간 인간'이라고 합니다. 마음 챙김을 통해서 갓난아이의 상태로 돌아가야 자기 안에 하늘처럼 텅 빈 푸르른 천국이 있음도 알게 됩니다.

어린아이는 소유욕을 발동시키지 않습니다. 그래서 부족한 마음을 채우려고 하는 부자는 아무리 채우고 또 채워도 굶주린 마음을 채울 수가 없는 것입니다.

부처님의 빈손

작게 비우면 작은 길이 열리고 크게 비우면 큰 길이 열립니다. 대도大道는 무문無門이란 뜻은 전체를 비우면 마음을 자유롭게 하는 문이 아닌 것이 없다는 뜻입니다.

태어남도 늙어감도 병듦도 죽는 것도 알고 보면 마음을 집착으로부터 떠나 자유롭게 하는 위대한 법문인 것입니다.

일체가 태어나 새롭게 시작하는 모습을 통해서 집착에서 떠나 자유로운 마음에 머무는 법을 배울 수가 있습니다.

일체가 늙고 병들고 낡아서 멀리 떠나가는 모습을 통해서 집착을 버리고 자유로운 마음에 머무는 법을 배울 수가 있습니다.

일체의 마지막 모습이 죽음인 소멸로 완전히 인연이 끝나는 모습을 통해서 집착에서 떠나 자유로운 마음에 머무는 법을 배울 수가 있습니다.

깨달음은 홀로서는 것

🪷

사람은 혼자 있으면 외로운 마음이 일어나 안절부절못하게 된다. 마치 고삐 풀린 망아지처럼 여기저기 나대며 온갖 번거로운 일거리들을 만들어 낸다.

혼자 있으면 외로움에 사로잡혀서 불안 심리가 일어나고 심하면 공포감이 밀려와서 견디기 어렵게도 된다. 그래서 죄수들에게 가장 고통스런 형벌이 독방에 갇히는 것이라 한다.

일어나는 외로움을 음미할 수 있다면 그것은 신이 주신 축복과 같은 큰 선물이 아닐 수 없으나 대부분 이 사실을 알아차리지 못하고

평화롭고 상쾌한 기분을 주는 것을 누리지 못하고 도망가기가 바쁘다.

인간은 사는 동안 수많은 치장거리를 만들어 가면서 울기도 웃기도 하며 만나는 인연들에 길들여진 마음이 급기야 혼자 있는 힘을 약화시켜 왔다.

부처님의 빈손

거래하는 마음, 계산하는 마음을 조금만 내려놓는다면 혼자 있는 마음의 힘은 그만큼 강해진다. 혼자 있는 마음의 힘은 거래하지 않는 마음이며 자신이 가진 능력과 재능을 팔려고 하지 않는다. 그래서 봉사기회가 주어진다면 최고의 즐거움으로 여기며 기꺼이 시간을 할애한다.

돈을 받고 춤을 추고 노래하는 것보다는 돈을 내고 춤을 추고 노래하는 시간이 더 즐거운 것이며 교회나 사찰에 가서 감사의 헌금을 올리고 종교의식에 참여하여 찬송가를 부르고 절을 올리며 말씀에 귀 기울이는 그 즐거움이 큰 것이다.

그래서 신불께 자신의 바람을 들어주십사 하고 요청하지 않고 그냥 자신의 욕망을 비우는 시간으로 채워간다면 그 즐거움은 더더욱 크게 일어나는 것이다.

홀로 서는 것이란 마음을 깨어있게 유지하는 것이며 외롭지 않고 즐겁게 살아가는 것이기도 하다.

사람이든 물건이든 상황이든 처음 접할 때는 새로움에 눈이 번쩍거리며 환호도 하고 기대도 해보고 상상의 꿈을 꾸며 기운이 상승하지만 시간이 지나면서 감정이 무뎌지고 지루한 생각만 이어져 벗어나고 싶어 하고 벗어날 수 없다면 포기하고 그냥 힘들어도 견디며 살아간다.

생기 잃은 화초마냥 시들어 가고 새장에 갇힌 새처럼 내던 소리 계속 지저귀며 다람쥐 쳇바퀴 구르듯 지루한 반복에 길들여져 대부분 그렇게 살아간다.

그 무엇에도 의지하지 않는 홀로서기 한 마음은 자연을 향해서 활짝 열려서 매우 개방적이고 친화적인 마음이 된다.

그는 '혼자 있다' 그러나 그 무엇에도 방해를 받지 않고 세상천지를 다 그 마음 가운데 품고 자연과 더불어 행복한 마음으로 살아가게 된다. 마치 넓고 깊은 바다가 수많은 고기떼들을 품 안에 안고 출렁거리듯이.

🧘 명상문

내 마음이 솟아오르는 동녘 하늘의 빛을 향해 열립니다.
내 마음이 서산으로 넘어가는 노을을 향해 열립니다.
내 마음이 푸른 하늘을 향해 열립니다.
내 마음이 포근한 산을 향해 열립니다.
내 마음이 바다 지평선을 향해 열립니다.
내 마음이 흐르는 구름을 향해 열립니다.
내 마음이 흐르는 물을 향해 열립니다.
내 마음이 가지에 돋아난 새싹을 향해 열립니다.
내 마음이 꽃 몽우리가 펼쳐지는 것을 향해 열립니다.
내 마음이 꽃과 벌 나비가 어울리는 것을 향해 열립니다.
내 마음이 바람에 나뒹구는 낙엽을 향해 열립니다.

부처님의 빈손

내 마음이 바닷가 모래알을 향해 열립니다.

내 마음이 날리는 흙먼지를 향해 열립니다.

내 마음이 이 세상 마지막이 되어 죽음을 맞이할 때를 향해서 열립니다.

내가 생각하고 경험하는 모든 일들이 내 마음을 정신 차리게 하는 부처님의 가르침임을 압니다.

자연은 그 자체로 활짝 열린 마음으로 구름이 흘러가다 바람에 흩어짐을 허용하고 물이 낮은 곳을 향하여 걸림 없이 흘러 바다에 이르도록 허용하는 자기를 고집하고 주장하지 않는 제로(0) 곧 공空이 되어 있는 마음입니다.

온갖 보여지는 모습, 들려오는 소리, 느껴지는 감정이 자극을 주며 새로운 호기심을 일으킵니다.

자유로운 상상력에 날개를 달아주어 빈 하늘을 무대로 맘껏 자기 색깔로 채색케 하고 자기 소리로 노래하고 자기 몸짓으로 춤을 추게 하니 모든 자극이 마음을 깨어나게 하며 삶에 필요한 생기를 일으킵니다.

마음이 그 무엇에도 의지하지 않고 홀로 서서 빈 상황을 음미할 줄 아는 독존의 힘은 자연물과 모든 인간과 주고받는 거래를 거부하고 그냥 상대에게 필요한 바를 서비스하는 보시행을 실천토록 인도합니다.

홀로서기가 안 된 사람은 자신을 지탱해줄 지팡이가 필요하나 수행하는 사람은 지팡이를 던지고 홀로 텅 빈 마음으로 서서 뚜벅뚜벅 앞으로 걸어갑니다.

붓다의 눈에는 중생 모두가 정신질환을 앓고 있는 환자일 것입니다. 외로움으로부터 도망가기 위해서 의지할 친구를 찾고 취미를 찾고 지인들과 몰려다니며 마시고 먹고 쇼핑도 하면서 시간을 보내기도 하며 반려견과 놀거나 종교를 찾아

부처님의 빈손

몰두하거나 주색을 밝히고 잡기에 빠지기도 하는데 이는 남녀노소 모두 그러합니다.

돈을 벌어들이고 권력을 과시하고 많이 배워 아는 지식의 즐거움을 누리고 값비싼 물건이나 부동산이나 보석을 소유하는 즐거움으로 외로움을 잊어버리려고 하지만 외로움의 병은 그 어떤 것으로도 치유가 불가능한 마음의 병인 것입니다.

약을 장기간 복용하면 중독현상이 일어나서 끊어내기가 어렵듯이 인간의 욕망도 또한 그러합니다. 채우는 욕망의 병은 채우는 걸로 해결되지 않습니다. 오직 비움으로만 해결됩니다. 이것이 붓다가 깨달은 즉시 행복해지는 소식입니다.

홀로서기의 마음은 자연과 인간에 대한 단절된 마음이나 폐쇄적인 태도를 주장하는 것이 아닙니다.

세상적인 것을 취하지 않고도 당당히 홀로 서서 빛나는 마음이 되어 자신을 위해서 세상적인 것을 이용하지 않고 단지 상대를 위해서 세상적인 것을 사용하는 봉사의 삶으로 나아갑니다.

깨달음은 홀로서는 것

맑고 향기롭게

꽃들을 바라만 봐도 행복한 것은

꽃은 사람처럼 탐욕 부리지 않고 시기와 질투하지 않고
어리석은 행동을 하지 않기 때문입니다.

꽃이 사람처럼 탐욕 부리고 시기 질투를 한다면 향기는
사라지고 말 것입니다.

꽃들이 품어내는 향기는 권력보다 더 강하고 철학보다
더 예리하고 종교보다 더 거룩합니다.

백 년도 못살 인간이 온갖 욕심을 채우기 위해 요란을 피
우는 것 보다

하루를 피었다 지는 꽃들의 무욕한 삶이 맑고 향기롭고
거룩하기까지 합니다.

꽃들이시여!

얼마나 욕심을 비워내야

하루를 피었다가 향기를 퍼트리며 지는 님들과 같은 축
복을 누릴 수 있겠습니까?

꽃들께 두 손 모으며 진정한 건강과 행복한 삶이 어디에
있는지 음미해 봅니다.

부처님의 빈손

돌아감

남을 도와준다는 것은 자신이 가진 것을 원래 자리로 돌려 보낸다는 회향의 의미이다. 수행이란 원래 자리에 머물러 있음이요, 죽은 영혼을 천도한다는 것은 원래 자리로 돌아가도록 길을 열어주는 것이요, 방생이란 자유를 속박당하고 강제적으로 자신의 의지가 꺾여 한정된 상황에 묶여 있는 것에서 벗어나도록 해 주는 것이다.

목숨을 수없이 위협하는 험난한 여정을 거치면서 실개천으로 돌아와 알을 낳고 죽어가는 연어의 마지막 삶도 원래의 자기 자리로 돌아가는 회귀의 정신이다.

돈과 재물도 돌고 돌아서 자기가 왔던 곳으로 돌아가야 한다. 자기 수중에 들어온 돈과 재물을 자기 것으로 여기고 자기 틀 안에 가두어 두고만 있다면 그것은 폭력적인 태도이며 결국 자신도 돈과 재물의 노예가 되어 그로 인하여 폭력을 당하는 처지가 된다.

무엇이든지 절제를 잃은 행동은 탐욕이며 폭력적인 것이며 자기 살을 뜯어 먹고 사는 자학증세로 발전하여 자신을 파괴시키는 것이다.

탐욕적인 인간은 자신이 살고 있는 환경을 파괴하고 오염시키게 되는데 이러한 병든 환경을 만든 과보는 몸과 마음을 오염시키고 각종 병에 시달리게 하며 인간성이 무너지게 된다.

자기가 사는 주변 환경은 자기의 몸과 같고 함께 사는 사람들은 자기의 손과 발과 같으며 하늘과 산과 바다는 자기의 마음의 질이란 사실을 모르고 닫혀진 마음은 결국 자신을 이기적인 테두리 속에 가두고 보이지 않는 철장 속에 가둬서 노예처럼 살게 하는 자기 파괴생활이나 다름없다.

모든 것은 자연의 것으로 잠시 자기에게 인연되어 머물다 때가 되면 본래의 자기 자리로 돌아가는 과정에 있다.

그래서 자기가 소유하고 있는 것은 무엇이든지 시절인연_{時節因緣}인 것을 알아야 하고 항상 주어진 것에 감사하며 주어진 것을 필요에 따라 주변에 돌리는 회향의 마음, 봉사의 마음을 가질 줄 알아야 한다.

통풍이 되지 않고 내부에 갇힌 공기는 오염되고 흘러갈 줄 모르는 물은 썩듯이 주변으로 흘러들지 모르는 삶의 태도는 자신을 부패하게 하여 각종 병과 불행을 일으키게 하는 자폭행위와 다름없다.

부처님의 빈손

🪨 명상문

하늘과 땅과 나는 그 몸과 마음이 하나로 이어져 있습니다. 이 진실을 알아야 주체성이 바로 선 사람이라고 할 수 있습니다. 주체성이란 주인 된 몸과 마음이라는 뜻입니다.

자기의 몸은 땅이 되고 자기의 마음은 하늘이 되고 이러한 몸과 마음의 움직임을 인식하는 의식이 바로 주인입니다.

그래서 옛 도인은 자기라는 마음을 잃어버리고 사는 사람들에게 정신을 차리게 해 주려고 "주인공아! 주인공아!"하고 부르고 나서 "네! 네!" 하고 자기가 묻고 자기가 대답했다고 했던 것입니다.

돌아감

생자필멸生者必滅이라!

태어난 것은 반드시 죽음이라는 소멸을 가져오고 죽어 소멸된 것은 우주로 흩어져 다시 인연 따라 새로운 생명체의 부분이 되어 변화를 따라 흘러갑니다.

자신이 경험하는 일체의 현상은 옷깃만 스쳐도 수많은 인연으로 맺어진 또 다른 나들과의 만남입니다. 우주 간에 존재하는 것은 나 아닌 것이 없고 내가 경험하는 것 또한 나 아닌 것은 경험할 수도 없습니다.

이렇게 내가 일어나고 사라지고 사라졌다 다시 일어나는 변화의 인과 속에서 이를 지켜보는 뚜렷한 인식자가 있으니 이는 태어나고 죽고 죽어서 다시 태어나는 존재가 아닌 본래부터 영원한 나의 진짜 모습인 것입니다.

내가 만들어온 인연의 이합집산 속에서 변화하는 나들과 변화하지 않는 영원한 또 하나의 나를 알아차리는 공부가 수행인 것입니다.

수행의 효과인 행복은 시간이 지나서 단계적으로 만들어지는 것이 아니라 지금 여기, 이 순간에 드러나는 현실적인 축복입니다.

부처님의 빈손

모든 문제의 시작과 끝은 나 자신이란 사실을 명심합시다. 꽃향기가 날리면 벌 나비가 날아들어 춤의 축제가 벌어지고 바지에 묻은 똥을 씻지 않고 다니면 벌레가 들끓기 마련입니다.

똥을 씻지 않고 다니는 자신을 탓해야지 쫓아온 벌레를 탓해서는 문제가 해결되지 않습니다.

내게 원치 않는 일이 생겼어도 문제의 원인이 상대가 아닌 자신에게 있다는 것을 믿고 참회기도하며 내려놔야 합니다. 자기가 괴로움에서 벗어나 평안해지기 위해서는 자기 마음을 정화시키는 마음공부가 필요합니다.

마음이 평온함을 찾으면 괴로운 마음이 풀리고 얽힌 인연의 매듭이 풀어져서 각자 자기 자리를 찾아갑니다. 무조건 엎드려 참회기도하고 내려놓고 간섭하지 않고 침묵으로 일관하면 나를 위하여 행복 문이 열립니다.

용서와 화해를 위한 기도문

부처님! 나의 마음속의 상처, 충격, 혼란스런 기억들을 붙들고 괴로워하는 나를 자유롭게 풀어놓겠습니다.

나의 기억 속에 있는 일들은 단지 그들도 어찌할 수 없는 그 누군가가 던져 놓은 돌팔매에 상처가 덧나서 저질러진 몸짓이었을 알겠습니다.

저 역시 그 누군가에 의하여 던져진 돌팔매를 붙들지 않고 자유롭게 밖으로 내보내려 하오니 나와 기억 속의 저들을 불쌍히 여기시고 상처 입은 나와 너들을 용서하시고 마음을 토닥거려 앞날을 축복하여 주옵소서.

아픈 상처들이여, 날아라 훨~훨
아픈 충격들이여, 날아라 훨~훨

부처님의 빈손

혼란스런 기억들이여, 날아라 훨~훨

🪨 명상문

괴로움에서 벗어나서 평안을 누리고 행복하게 살아가려면 자기 마음이 만들어 내는 이치를 이해해야 합니다.

아무리 뾰쪽한 송곳이나 바늘이라도 리듬을 타고 고저장단으로 움직이면 부드러운 실처럼 변하여 음악이 되고 춤이 됩니다. 아무리 견고한 바위 덩어리라도 리듬을 타고 흐르면 바람결에 출렁거리는 파도가 됩니다.

마음이 사분오열四分五裂되어 욕망의 불길이 맹렬하게 일어나도 리듬을 타고 흐르면 하나로 통일되고 한 지점에 집중되어 마음은 안정하게 됩니다.

마음을 조정하여 번뇌 망상으로부터 벗어나서 괴로움이 없는 평화로운 마음이 되게 하는 염불, 명상, 다라니기도, 절 수행, 걷기 명상, 사경, 호흡법 등 모든 수행법들을 보면 하나의 리듬 속에 분열하는 생각들을 하나로 꿰서 통일시키고 집중시키는 역할을 합니다.

용서와 화해를 위한 기도문

생각으로 일체가 만들어지는 것이니

꽃을 바라보면 내 마음 가운데 꽃이 피고

별을 바라보면 내 마음 가운데 별이 뜨고 바다를 바라보면 내 마음 가운데 바다가 펼쳐지고

사랑을 생각하면 내 마음이 사랑으로 가득 차고

관세음보살을 암송하면 내 마음이 관세음보살의 자비심으로 가득 차고 웃음을 떠올리면 내 마음 가운데 웃음꽃이 활짝 피게 됩니다.

자기가 불행하다고 여기면 자기 마음 가운데 불행의 그림자가 퍼지고 어려운 일을 당해도 이만한 것만으로 정말 다행이라고 여기면 자기 마음 가운데 더 이상 불행의 그림자가 퍼지지 않고 안심하게 됩니다.

부처님의 빈손

더럽게 재수 없다고 여기면 더럽게 재수 없는 마음이 되고 정말로 재수 좋은 것으로 여기면 자기 마음 가운데 재수 좋은 기운이 충만하게 됩니다.

그러므로 자기의 삶이 행복하고 웃음 짓는 삶이 되길 원하면 먼저 웃어야 합니다. 세상 사람들이 자신에게 고개 숙여 감사하길 원한다면 먼저 세상 사람들을 향하여 고개 숙여 감사의 인사를 건네도록 해야 합니다.

이렇듯 자신이 경험하는 인생사 모든 일들이 자기 마음 쓰는 대로 나타났다 사라지는 내 마음 사용법에 의해서 존재하는 내가 만들어내는 일종의 작품인 것입니다.

삶을 축제로 여겨라

행복하게 살려면 생활을 놀이로 만들어라. 놀이 자체는 즐거운 것이다. 생각 생각마다 놀이로 여겨라, 그리하면 창의적인 아이디어가 일어나며 지혜가 생긴다.

눈으로 보이는 것도 놀이로 여겨라. 그리하면 한 편의 드라마를 감상하는 것이 되리라.

귀로 들리는 소리도 놀이로 여겨라, 그리하면 한 편의 명곡을 감상하는 것이 되리라.

자기 몸짓 손짓 발짓 하나하나를 놀이로 여겨라, 그리하면 춤을 추는 것이 되리라.

항상 지금 여기서 주인으로 살면 삶을 즐길 수가 있다. 전혀

부처님의 빈손

계산하지 않아도 되고 설사 손해를 보더라도 즐거운 것이다.

 태어난 것도 축제요, 살아가는 것도 축제요, 죽는 순간도 축제가 되도록 만들어가야 한다.

 그러려면 살아 있는 기회가 주어진 것을 감사히 여기며 사소한 것이라도 소중히 여기는 마음이 필요하다.

 지금 자기에게 허락된 이 시간이야말로 다시 만나기 어려운 소중한 시간으로 여기고 즐거운 축제로 만들어 나가라.

 항상 이 순간의 하는 일에 집중하면서 때때로 남의 즐거운 일과 괴로운 일과 좋아하는 일과 평온한 일에도 함께하며 살아가야 한다.

 마음이 지난 시간으로 이동하여 과거의 기억을 불러내거나 살아보지도 않은 미래 시간을 만들어 내서 불안해한다면 마음은 과거나 미래의 시간 속으로 사라져 버린다.

 지금 이 순간을 놓치게 되면 자기 자신의 처지가 불만족스럽고 불안하고 허탈하고 무의미하고 상처 입어 자책하거나 상대를 원망하거나 헐뜯거나 하면서 자신을 갉아 먹는 송충이 마음이 되어 버린다.

 부처란 마음이 천상이나 이 세상이나 과거나 미래를 오가며 살지 않고 오직 이 순간, 자신의 움직임에 마음이 집중되어 자신이 할 바를 하며 사는 사람이다.

삶을 축제로 여겨라

292

부처님의 빈손

자기를 남과 비교하여 우월감이나 열등감을 갖지 말며 상대를 나와 비교하여 무시하거나 오만하지 말며 자기가 살아가는 것에 대하여 물 흐르듯 구름 흘러가듯 그냥 걸어가는 길손으로 여기라.

집은 잠시 쉬어가는 여관으로 여기며 배우자는 신세를 지는 여관주인으로 여겨라.

자식들은 여관에서 잠시 만나 함께 머물다 때가 되면 각자 자기 길로 떠나가는 길손들로 여겨라.

함께하는 시간을 오직 감사하고 감사한 마음만 내라.

각자 살아가는 길손들의 앞길에 축복의 말을 건네고 산 자나 죽은 자 모두에게 밝은 내일이 있기를 기원하라.

🪨 명상문

티벳 사람들은 살아있는 동안에 수많은 사람들에게 크고 작은 빚을 지고 살았고 온갖 고기 몸들을 먹고 살았으니 죽어서라도 자신의 몸을 필요로 하는 새들에게 나눠주며 복을 짓는다는 의미에서 조장을 한다고 합니다.

참으로 거룩한 행위가 아닐 수 없습니다. 각자 어떠한 삶을 살았다 해도 죽은 몸에 왕후장상의 차별과 귀천이 있을 수 없는 것이니 하나뿐인 소중한 몸을 새의 먹잇감으로 나눠주고

삶을 축제로 여겨라

간다는 것은 마지막을 가치 있게 마무리한 것이 아닐 수 없습니다.

평생 먹고 살기 위하여 다른 생명체의 몸이나 뜯어 먹고 살면서 남에게 신세만 지고 살았으니 하나 남은 몸이라도 새들에게 기꺼이 던져주고 가는 것이 마음이 편할 것이며 큰 복을 지음이 아닐 수 없습니다.

혹시나 이 복 지음으로 해서 몸을 뜯어 먹고 배부른 독수리들이 하늘 높이 날아올라 다리라도 만들어 주어서 영혼이 하늘나라로 걸어갈 수 있도록 하늘 길을 내어줄 수도 있겠다는 생각을 해봅니다.

매일매일 마음 밭에 복 씨를 뿌린다는 마음으로 하루하루를 살아가며 좋은 마음씨 하나 뿌리는 복된 하루로 만들어 가야 합니다.

부처님의 빈손

머물지 않음

흐르는 물이 구덩이에 빠져서 머물게 되면 그 물은 썩게 된다. 혈액도 혈관을 타고 흐르다가 속도가 느려지기 시작하면 몸은 서서히 추진력이 떨어지면서 각종 병 증세가 나타나기 시작한다.

돈에 마음이 머물면 돈에 집착하다 돈에 종속되어 *끄달려* 살게 된다. 명예에 마음이 머물면 명예에 집착하다 명예에 종속되어 *끄달려* 살게 된다.

그 누군가에게 마음이 머물면 그에게 종속되어 *끄달리게* 된다. 신에게 마음이 머물면 신에 종속되어 *끄달려* 살게 된다.

나에게 마음이 머물면 그 나라고 하는 것에 마음이 종속되어 *끄달려* 다니게 된다.

하얀 백지는 아무것도 머물지 않는 텅 빈 것으로 그 무엇에도 집착함이 없는 깨끗한 마음과 같은 것이다.

그러나 작은 점 하나라도 마음이 붙들고 그 점에 머물게 되면 그 점 하나가 결국에는 백지 전체를 지배하며 끌고 다니게 된다.

본래무일물本來無一物이란 점 하나에도 집착하지 않는 자유로운 마음 그 무엇에도 종속되지 않는 깨끗하고 밝은 마음을 의미하는 것이다.

그러나 우리는 단 한 순간도 자기 홀로 텅 비어 있는 상태에 머물러 있지를 못하고 누더기를 걸치고 밥그릇 하나 손에 들고서 구걸을 하듯 이곳저곳을 헤매는 가난뱅이 마음이 된다.

🧘 명상문

젊고 늙음에 집착치 말자.

병 있고 없음에 집착치 말자.

가진 것과 못 가진 것에 집착치 말자.

즐겁고 슬픔에 집착치 말자.

예쁘고 미움에 집착치 말자.

잘나고 못남에 집착치 말자.

알고 모름에 집착치 말자.

판단하거나 비교하지 않고 차별하지 않으면

일체를 평등한 마음으로 바라보게 되어 모두가 하나임을 알게 된다.

부처님의 빈손

　명상이란 하얀 백지처럼 점 하나 찍혀있지 않는 거울같이 깨끗한 빈 마음으로 살아있는 것을 말한다.

　똑같은 하늘 아래에 사는데 사람에 따라서 길하고 흉하고 성공하고 실패하고 좋아하고 싫어하고 웃기도 울기도 하고 꿈 같은 시간이나 악몽의 시간으로 나눠지기도 한다.

　그것은 자신이 뿌려놓은 결과물을 거둬들여 정산하는 과정을 겪는 스스로 지은 대로 거둬들이는 이치 때문이다.

　누가 보지 않더라도 양심에 따라 살면 당장 보이기엔 바보

머물지 않음

짓 같아도 길게 보면 자신을 이익 되게 하는 현명한 선택이
된다. 마음은 텅 빈 무소유를 지키고 행동은 또 다른 나들과
함께 유익해지는 나누는 삶이 되어야 한다.

　살아가다가 어느 순간에 앞이 보이지 않을 때는 하던 일을
잠시 멈추고 마음을 비워내는 참회의 기도나 마음의 움직임
을 관찰하는 수행을 하여야 한다.

　마음을 비움이 꽉 막힌 운명의 문을 여는 행운의 열쇠이다.
마음속에서부터 길이 열려야 현실의 꽉 막힌 국면이 무너지
고 변화가 생긴다. 정말 마음을 비우는 것이 꽉 막힌 국면을
무너뜨리고 희망의 문을 여는 열쇠가 될까? 정말로 그렇다,
꼭 열린다!!

　　　　　　　　　　　　　　　　　　　　부처님의 빈손

두드림

우는 아이 달랠 때 아이의 등을 토닥토닥 두드려 주고 잠이 와서 칭얼거리는 아이의 등을 "자장~자장" 소리와 함께 두드려 주던 엄마의 모습을 다들 기억 할 것이다.

두드리면 화가 풀어지고 슬픔을 견디는 위로가 되어주고 칭찬의 기쁨과 격려의 힘을 받기도 하며 연인 사이에는 사랑의 감정을 주고받는 방법이기도 하다.

피아노, 드럼, 북, 장구, 징, 종, 목탁, 난타 등의 소리를 들으면 감정을 조절해주는 효과가 나타나기도 한다.

두드림의 속도를 천천히 하면서 가볍게 쓰다듬듯이 두드려 주면 몸과 맘의 긴장이 풀리면서 깊은 휴식상태가 찾아온다.

두드리면 몸과 맘의 닫힌 문이 열리면서 꽃 몽우리가 꽃으로 피어나듯이 몸의 독소가 빠져나가고 마음속에 맺혀 응어리진 한恨이 풀어지면서 심기가 편안해지고 혈기는 왕성하게 움직이게 된다.

여성들이 얼굴 화장을 할 때 보면 얼굴을 손바닥으로 가볍게 두드려주는 것을 볼 수 있는데 그렇게 하면 스킨이나 로션이 피부 속으로 잘 스며들며 피부가 탄력 있어지고 또 싸우는 사람을 말릴 때 등을 두드리며 "참아라~참아라"하는 것도 흥분한 감정을 가라앉히려고 하는 것이다.

두드림은 새로운 기회의 문을 열어주기도 한다. 예수님께서는 "두드리면 열리리라"고 하셨다. 두드림이란 꽉 막힌 내 마음의 문을 활짝 오픈시키는 열쇠이기도 하다.

메마른 사막의 땅 위에서는 식물은 살 수가 없고 동물들도 생존하기가 어려운 것이다. 비가 대지 위에 떨어지며 땅을 두드리면 땅은 문을 열어 비를 받아들여서 만물을 길러내는 비옥한 땅으로 바뀐다.

스님들이 수행하는 선방에서 정진하다가 졸리면 고개가 수그러들게 될 때 죽비로 어깨를 두들겨 맞는 것도 졸음을 쫓고 정신을 번쩍 나게 하는 효과가 있는 것이다.

나이 먹어가면서 수분이 빠져나가고 메마른 가지마냥 몸이 말라가고 오장육부가 굳어져 갈 때는 충분한 물 섭취와 함께 온몸을 가볍게 두드려주는 것도 건강에 매우 좋다.

부처님의 빈손

🧘 명상문

어린아이는 자주 등을 두드려서 모태 속에서 듣던 심장의 고동 소리를 듣게 해주면 심리가 안정되고 자존감이 강한 어른으로 성장해 갑니다.

자라나는 아이들은 자주자주 머리를 쓰다듬어 칭찬해주고 어깨를 두드려서 격려해주면 자신감이 넘치는 어른으로 성장해 갑니다.

연인 사이에는 손으로 만지고 쓰다듬고 가볍게 두드려주는 것이 사랑의 감정을 전하는 데 도움이 됩니다. 물론 서로 감정이 통하면 어느새 그렇게들 하고 있습니다.

서로 눈을 쳐다보거나 손을 잡거나 껴안는 것도 상대방의 감정을 두드려서 자신의 마음을 전달하는 하나의 방식입니다.

두드림은 건강법으로도 효과가 좋습니다. 손가락 끝으로 머리를 톡톡 두드려 주고 위아래 이를 가볍게 부딪쳐 주고 얼굴은 손바닥으로 두드려 주고 가슴과 배와 허벅지와 발바닥은 가볍게 주먹 쥐고 두드려주면 좋습니다.

그리고 등은 두 사람이 번갈아 가면서 두드려주는 것이 좋은데 혼자라면 효자손이나 절에서 사용하는 죽비를 가지고 등을 두드려주면 됩니다.

"똑똑똑! 당신의 마음은 안녕하십니까?"
마음이 텅 비어있어야 두드릴 때 울림이 일어납니다.

부처님의 빈손

마음이 온갖 생각과 감정으로 들어차 있으며 혼탁한 소리나 찢어지는 소리가 되어 듣는 사람 마음이 개운치 않습니다.

사람들에게 울림을 주는 사람이 되려면 쓰레기통을 비우듯 수시로 마음을 비워내는 연습이 필요합니다.

마음을 잡쓰레기들을 모아두듯 번잡하게 사용치 않고 수시로 비우고 비워서 깨끗이 관리하면 상쾌하고 행복한 기분으로 살아갈 수가 있습니다.

"아제 아제 바라 아제 바라 승아제 모지 사바하"

비우자, 비우자 또 비우자, 비었다는 마음도 비우자. 바로 그 텅 빈, 제로를 향하는 마음사용법이 괴로움 없이 평화롭고 상쾌하게 이 세상을 살아가는 행복한 길입니다.

태양은 속이 텅 비어 있기에
안으론 맑음을 품고 밖으론 밝음을 뿜어내어 빛이 됩니다.

인간의 정신은 이 태양의 빛을 이어받아 세상을 밝히는 지혜
가 되며 마음을 비울수록 생각이 단순하고 명쾌해져서 지혜가
밝아지고 세상을 품을 큰 사랑을 아는 사람이 되어 갑니다.

땅은 뱃속에 따뜻한 열을 품고 만물의 뿌리를 살아 있게 품
어 주는 어머니입니다.

인간의 몸은 이 땅의 엄마 마음을 이어받아 세상을 먹여 살
리는 젖줄로써 온갖 수고로움을 마다하지 않습니다.

우리가 땅의 마음을 닮아간다면 세상을 열린 마음으로 바라보면서 어머니가 자식들을 바라보듯이 어머니의 눈을 가져서 한없이 겸손한 자가 될 것입니다.

나라는 존재는 철저하게 자기 몸을 살리는 것에 관심을 둡니다. 먹어야 하고 입어야 하고 쉬어야 하고 즐겨야 하므로 자기에게 이익됨이 있는 쪽으로 행동합니다.

나라는 존재는 수많은 부딪침을 통해서 응어리진 덩어리이며 내가 경험하는 모든 것은 생각 생각이 첩첩이 쌓여 만들어낸 또 다른 나들입니다.

나를 사랑하듯 나의 이웃을 사랑하라는 말씀은 이웃이 또 다른 나들이기 때문입니다.

"나는 나를 사랑합니다.
나는 나들을 사랑합니다."

큰 수레를 타신 님께서 말씀하십니다.
마음의 등불을 켜라고
어둔 세상의 달이 되라고

부처님의 빈손

번뇌가 깨달음이라고

중생이 부처라고

세상만사는 부처님의 나타나심이니

있는 그대로 바라보고 예배하듯 살라고

세상 속으로 들어가 세상과 함께하며

문제 속으로 들어가 문제와 함께하라고

그리고 모든 마지막을 해피엔딩 하려면 상황을 자신에게 이익되는 쪽으로 해석하며 긍정적인 마음을 가지라고.

큰 수레를 타신 님께서 말씀하십니다.

나를 괴롭게 하는 세 가지 고질병인 삼독심三毒心의 중독에서 벗어나라고

탐욕은 일체중생을 괴로움에서 벗어나게 해주겠다는 대원을 세워 벗어나라고

분노하는 마음은 일체중생의 희로애락과 함께하는 자비의 실천으로 벗어나라고

어리석은 마음은 몸과 마음의 움직임을 관찰하여 무지의 굴레에서 벗어나라고.

부처님의 빈손

초판 1쇄 인쇄 2022년 07월 29일
초판 1쇄 발행 2022년 08월 08일
지은이 종학스님

펴낸이 김양수
책임편집 이정은
편집디자인 권수정

펴낸곳 도서출판 맑은샘
출판등록 제2012-000035
주소 경기도 고양시 일산서구 중앙로 1456(주엽동) 서현프라자 604호
전화 031) 906-5006
팩스 031) 906-5079
홈페이지 www.booksam.kr
블로그 http://blog.naver.com/okbook1234
이메일 okbook1234@naver.com

ISBN 979-11-5778-557-5 (03220)